PAUL JOHANNES BAUMGARTNER

Begeistere und gewinne!

Inhalt

Menschen begeistern – ein Crashkurs

Eine andere Person für sich selbst, also für die eigene Persönlichkeit oder für eine Idee zu gewinnen, ist ein Ziel, das wir tagtäglich häufiger verfolgen, als uns wahrscheinlich bewusst ist. Sei es im Job, wenn wir jemandem ein Angebot unterbreiten, ein Konzept präsentieren, ein Bewerbungsgespräch führen, in einem neuen Team arbeiten oder sei es im Privatleben, wenn wir unseren Traummann bzw. unsere Traumfrau beeindrucken möchten, bei den Schwiegereltern einen guten Eindruck hinterlassen oder einfach sympathisch auf andere wirken wollen. In all diesen Situationen bemühen wir uns, bei unserem Gegenüber Interesse zu wecken, jemanden zu begeistern und von ihm oder ihr gemocht bzw. akzeptiert zu werden. Doch wie stellen wir das an? Eine Frage, mit der ich mich als Kommunikationstrainer in meinen Seminaren und als Moderator bei einer großen landesweiten Radiostation seit mittlerweile 15 Jahren beschäftige. Im Rahmen dieser Tätigkeiten konnte ich eine Menge Antworten, Tipps und Tricks sammeln, wie und warum gute Kommunikation gelingt. Ich habe sie alle in diesem Buch für Sie aufgeschrieben.

Bevor es aber konkret wird, noch zwei wichtige Spielregeln: Zum einen kann es durchaus vorkommen, dass Sie einen Menschen idealerweise für sich gewinnen *sollten*, ihn aber nicht gewinnen *wollen* – das gilt für das berufliche Umfeld, genauso aber auch privat. Das kann daran liegen, dass Ihnen diese Person grundlegend unsympathisch ist oder Sie mit ihr – trotz aller Anstrengungen – nicht annähernd auf eine Wellenlänge kommen. Der beste Rat in so einem Fall: Sie haben das gute Recht, auch mal Nein zu sagen. »Die Fähigkeit, Nein zu sagen, ist die Geburt der Individualität.« (René Arpad Spitz, österr. Psychoanalytiker).

Zum anderen wird es Ihnen mit Sicherheit auch mal passieren, dass Sie jemanden nicht für sich gewinnen *können:* Die Chemie stimmt überhaupt nicht und es lässt sich partout keine Beziehung herstellen, obwohl Sie alles versucht haben. Nobody's perfect. Auch dann gilt: Legen Sie den Fall zu den Akten, denn jede weitere Anstrengung ist vergebene Liebesmüh'.

Das sind aber Ausnahmefälle. Im Allgemeinen braucht es nämlich gar nicht viel, um andere Menschen für sich zu gewinnen und zu begeistern. Genau genommen müssen Sie nur drei entscheidende Grundsätze beachten:

Grundsatz Nummer eins: Hoch lebe Prof. Albert Mehrabian! Mit den Zahlen 7-38-55 schrieb Mehrabian in den 1970ern Wissenschaftsgeschichte. Aus seiner Studie leitete der Psychologieprofessor ab, dass die Wirkung unserer Botschaften zu sieben Prozent vom Inhalt, zu 38 Prozent von der Stimme und zu 55 Prozent von der Körpersprache abhängt. Die Erkenntnis, die wir daraus ziehen können ist, dass nicht allein der Inhalt in Gesprächen, Präsentationen, Verhandlungen etc. entscheidend ist, sondern auch in hohem Maße die Art und Weise, wie wir das Gesagte rüberbringen.

Grundsatz Nummer zwei: Sie wirken immer! Auch, wenn Sie in einem Gespräch gerade nur zuhören und meinen, sich in diesem Moment nicht aktiv zu präsentieren, übt Ihr Verhalten ständig eine Wirkung auf Ihr Gegenüber aus. Der Grund: Sie senden unaufhörlich Botschaften aus, selbst wenn Sie nicht verbal kommunizieren. Somit bestimmt das nonverbale Verhalten also maßgeblich die Wirkung unserer Botschaft.

Grundsatz Nummer drei: Wenn Sie Menschen für sich gewinnen wollen, dann seien Sie auch menschlich! Das bedeutet: Mit bloßen Fakten, Zahlen oder Argumenten werden Sie niemanden begeistern, weil Sie auf diese Weise nur seinen Kopf, nicht aber sein Herz erreichen. Tatsache ist, dass wir uns nur für etwas begeistern und uns von etwas überzeugen lassen, wenn auch unsere Emotionen angesprochen werden. Die Beziehungsebene, auf der sich jede Kommunikation zu fast 90 Prozent abspielt, ist oftmals viel entscheidender als die Sachebene und hat deshalb besondere Aufmerksamkeit verdient.

Fazit: Wenn Sie es schaffen, Inhalt, Stimme und Körpersprache in Einklang zu bringen und eine emotionale Kommunikationsebene zu Ihrem Gegenüber herzustellen, kann nichts mehr schief gehen.

Soweit unser einführender Crashkurs über »Menschen begeistern – andere gewinnen« für alle, die es ganz eilig haben. Steigen Sie nun auf den folgenden Seiten tiefer in das Thema ein und entdecken Sie detaillierte Informationen, nützliche Tipps und Tricks für die gute und gewinnende Kommunikation. Übrigens: Alles, was Sie in diesem Buch lesen, ist durch den Grundgedanken der »Authentizität« verbunden. Das bedeutet, dass alles, was Sie nach der Lektüre in der Praxis umsetzen, auch zu Ihnen passen muss. Sie müssen sich niemals verstellen oder verbiegen, nur um der Theorie gerecht zu werden. Sie sind eine Persönlichkeit und sollen es auch bleiben! In diesem Sinne: Viel Spaß!

Ihr Paul Johannes Baumgartner

Be charming

Empathie

Beziehungsebene

Menschenkenntnis

ZWISCHEN LACHEN UND WEINEN LIEGT NUR EINES: DER TIEFE OZEAN DER LANGEWEILE!

Emotionen lautet das Zauberwort, wenn es darum geht, andere Menschen zu begeistern. Nur wenn wir es schaffen, andere emotional zu berühren, können wir sie überzeugen und gewinnen.

Der erste Eindruck zählt – nicht immer!

Versuchen Sie einmal sich vorzustellen, wie lang 150 Millisekunden sind. Nicht sehr lang, oder? 150 Millisekunden dauert zum Beispiel die Zündung eines Airbags. Umso schwerer ist es vorstellbar, dass dies genau die Zeitspanne ist, in der wir uns entscheiden, ob wir eine fremde Person sympathisch finden oder nicht. Was in diesen 150 Millisekunden in unserem Kopf abläuft, hat unser Gegenüber keineswegs durch eine aktive Handlung beeinflusst, und ebenso treffen auch wir selbst unser blitzschnelles Urteil über einen anderen Menschen nicht bewusst oder gar absichtlich. Was also passiert nun in diesem kurzen Moment? Wir »scannen« unser Gegenüber von Kopf bis Fuß – nicht bewusst, dafür aber umso gründlicher. Die Art und Weise, wie unser Gegenüber steht, läuft, sitzt, wo sie oder er seine Arme hat, die Beinstellung, Kopfhaltung, Mimik und Gestik, aber auch die Kleidung ergibt die Summe aus Einzeleindrücken, aus der für uns sofort ein Bild und damit ein erster Gesamteindruck entsteht – noch bevor unser Gegenüber überhaupt den Mund aufgemacht hat. Das klingt unglaublich, aber wir brauchen nur mal kurz an die letzte Begegnung mit einer uns bis dato fremden Person zurückdenken und schon werden wir feststellen, dass es tatsächlich so war: Dieser Mensch war uns entweder spontan sympathisch oder nicht – ohne dass wir einen Grund dafür nennen konnten. Sicher fragen Sie sich in diesem Moment auch, welchen ersten Eindruck Sie wohl selbst bei diesem Treffen hinterlassen haben. Eine berechtigte Frage, denn das, was in unserem eigenen Unterbewusstsein passiert, spielt sich natürlich auch bei unserem Gegenüber ab. Was würden Sie im Nachhinein sagen? Waren Sie dem anderen sympathisch? Haben Sie einen positiven ersten Eindruck hinterlassen oder waren Sie vielleicht zu aufgeregt, zu unkonzentriert oder zu distanziert?

»Es gibt keine zweite Chance für einen ersten Eindruck« oder auf Englisch: »You never have a second chance to make a first impression« – mit Sicherheit ist Ihnen dieser Spruch schon einmal begegnet und ziemlich wahrscheinlich waren auch Sie von der unangreifbaren Logik dieses Satzes beeindruckt. Verständlicherweise, denn auf den ersten Blick klingt er auch logisch: Wenn ich etwas zum ersten Mal gemacht habe, kann ich dasselbe nicht noch ein weiteres Mal zum ersten Mal machen. Oder mit anderen Worten: Es gibt keine zweite Premiere. Was uns diese ursprünglich gut gemeinte »Weisheit« aber verschweigt, ist die Tatsache, dass es trotz allem ein Leben nach dem ersten Eindruck gibt – auch wenn dieser nicht gelungen sein sollte. Sonst müsste es ja auch bei *allen* Partnerschaften (und wir arbeiten hier mit derselben Ausschließlichkeit wie das Wort »never«) sofort Liebe auf den ersten Blick gewesen sein. Und auch all unsere anderen sozialen Kontakte, alle Freundschaften, müssten nach demselben Muster entstanden sein: Gesehen, für gut befunden, Freundschaft. Sie werden mir Recht geben, dass dies nur in den seltensten Fällen zutrifft. Wenn Sie sich in Ihrem näheren Umfeld umschauen, stellen Sie wahrscheinlich fest, dass die wenigsten Paare von der ersten Sekunde an in tiefe Zuneigung verfallen sind und auch die wenigsten Freundschaften aus einer Momentaufnahme heraus entsprungen sind. Schön, wenn's so ist, aber die Regel ist das nicht. Das bedeutet also: Wie auch immer der erste Eindruck ausgefallen sein mag, so heißt das noch lange nicht, dass der weitere Verlauf der Beziehung von nun an in die eine oder andere Richtung festgelegt ist.

Und es gibt noch eine weitere Fragestellung im Zusammenhang mit dem ersten Eindruck: Wer zwingt uns eigentlich dazu, andere Menschen aufgrund des ersten Anscheins zu beurteilen? Die Antwort lautet: Niemand. Egal, was in unserem Gehirn abläuft, so sind wir in unserer Entscheidungsfindung doch frei, ob wir einem Menschen noch eine zweite oder dritte Chance einräumen, einen guten Eindruck zu hinterlassen. Selbst wenn also die Schublade schon offen ist und gleichsam darum bittet, unser Gegenüber »reinzustecken«, können wir entspannt bleiben und ihm noch die Chance auf einen weiteren Eindruck geben. Und wenn wir großzügig sind, geben wir ihm sogar noch die Möglichkeit für einen dritten Eindruck. Sollte allerdings der dritte Eindruck den negativen ersten bestätigen, empfehle ich, die Schublade mit dem allergrößten Vergnügen zuzuschlagen und die Sache als erledigt zu betrachten.

Wir sehen also, dass ein seit Jahren unreflektiert weitergeplapperter Satz wie »Du hast nie eine zweite Chance für einen ersten Eindruck« nicht zwangsläufig stimmen muss. Diese Erkenntnis sollte uns nun erst

Aus dem Nähkästchen

Wenn es darum geht, andere zu begeistern, kann es auch passieren, dass wir einen Menschen nicht für uns gewinnen können, weil der erste Eindruck, den wir vermitteln, sprichwörtlich in die Hose geht. Eine Erfahrung, die auch ich schon machen musste, allerdings – so viel zu meiner Verteidigung – zu Beginn meiner Radiolaufbahn. In einem meiner ersten Interviews nannte ich auf dem Trainingsgelände des FC Bayern München vor Aufregung den damaligen Fußballnationalspieler Lothar Matthäus versehentlich Roland Matthäus. Das war das kürzeste Interview meines Lebens.

einmal entspannter machen bei der Kontaktaufnahme; außerdem bringt sie uns unserem Ziel, andere Menschen zu begeistern, bereits ein großes Stück näher. Was uns jedoch nicht erspart bleibt, ist, uns Gedanken darüber zu machen, welchen Eindruck wir bei unseren Gesprächspartnern hinterlassen. Denn eines ist klar: Die Mehrzahl unserer Mitmenschen wird nicht so großzügig sein und wird uns ausschließlich nach unserem ersten Eindruck beurteilen. Das heißt: Wir sollten uns nach wie vor darum bemühen, von vornherein zu beeindrucken. Dann wird es um einiges leichter, unser Gegenüber für uns und unsere Ideen zu gewinnen.

Die ersten Minuten entscheiden!

Wenn der erste 150-Millisekunden-Scan vorbei ist, geht die Einschätzung einer fremden Person weiter. Was unser Gegenüber letztendlich nach dem ersten Treffen wirklich von uns hält (und umgekehrt), entscheidet sich bereits in den ersten vier Minuten einer Begegnung – genügend Zeit also, einen weniger vorteilhaften »Erst-Scan« wieder wettzumachen. Dazu sollten Sie aber auch wissen, was genau während dieser vier Minuten passiert. Der folgende Prozess läuft in drei Etappen ab:

In der ersten Sekunde ordnen wir Personen, denen wir zum ersten Mal begegnen, in ein grobes Raster ein. Die Kriterien: Ist uns der andere vom Sehen bekannt oder unbekannt, ist er männlich oder weiblich, alt oder jung, interessant oder langweilig.

Nach einer halben Minute festigt sich unsere erste grobe Bewertung, die abhängig ist vom äußeren Erscheinungsbild, der Körpersprache und der Stimme. Je nachdem, ob der andere den Sympathie-Check besteht oder nicht, legen wir schon fest, ob wir die Person gern näher kennenlernen möchten.

Innerhalb der ersten vier Minuten haben wir dann die Chance, unseren Eindruck zu vertiefen und beginnen bei Interesse ein Gespräch oder – wenn das nicht möglich ist – beobachten die Person aus einiger Distanz, um uns auf diese Weise ein genaueres Bild zu machen. Worauf achten wir beim ersten Gespräch? Am wenigsten auf das Was, also zum Beispiel auf Gesprächsinhalte etc., sondern fast ausschließlich auf das Wie. Ist die Person locker oder verkrampft? Tolerant oder rechthaberisch? Gibt sie sich offen oder hält sie sich bedeckt?

Das Erstaunliche daran: Nach vier Minuten glauben wir schließlich, einen bislang Fremden zuverlässig einschätzen zu können und entscheiden danach, ob jemand »eine Chance bei uns hat« oder nicht – egal, ob im Privatleben oder im Job. Auch dieser Check läuft übrigens komplett in unserem Unterbewusstsein ab. Das heißt, wir können immer noch nicht genau erklären, warum uns jemand spontan sympathisch oder unsympathisch ist. Unser Unterbewusstsein hat gnadenlos darüber bestimmt – ganz ohne uns zu fragen, ob es so irrational und möglicherweise vorurteilsbehaftet entscheiden darf.

Hinterlassen Sie einen bleibenden Eindruck!

Wir haben also insgesamt rund vier Minuten Zeit, einen Menschen, der uns noch nicht kennt, davon zu überzeugen, dass er uns unbedingt näher kennenlernen muss. Aber wie stellen wir das am besten an? Manche Menschen besitzen tatsächlich diesen unwiderstehlichen Charme – oft auch Charisma genannt – und haben dadurch eine enorme Anziehungskraft. Was aber, wenn man nicht über eine Ausstrahlung verfügt, die automatisch alle in ihren Bann zieht und vom ersten Moment an beeindruckt? Keine Sorge! Wenn Sie ein paar einfache Regeln beherzigen und Ihre verborgenen Stärken von Anfang an ins rechte Licht rücken, können Sie bereits beim ersten Eindruck punkten.

Das A und O: Ihre Körpersprache

Wie Sie stehen, gehen oder sitzen, Ihr Gesichtsausdruck, Ihre Hände, Ihre Körperhaltung – all diese nonverbalen Signale nimmt Ihr Gegenüber, wenn auch unbewusst, bereits im allerersten Augenblick wahr. Ein entscheidender Faktor in Sachen »erster Eindruck« ist also die eigene Körpersprache. Doch Vorsicht! Denken Sie jetzt bloß nicht, Sie könnten Ihre Körpersprache und damit den ersten Eindruck, den sich jemand von Ihnen macht, manipulieren. Unsere Haltung, Gestik und Mimik verrät mehr über uns, als uns bewusst ist. Zum Beispiel, ob wir uns wohl fühlen in unserer Haut, ob wir unseren Gesprächspartner interessant finden und auch, ob wir die Wahrheit sagen. Der Versuch, die eigene Körpersprache gezielt zu steuern, hat daher nur eine Folge: Wir wirken unglaubwürdig, nicht authentisch und dadurch auch unsympathisch. Der Grund liegt darin, dass niemand aus seiner Haut kann und wir es daher auch nicht versuchen sollten.

Dass wir eine »fremde« Körpersprache nicht überzeugend adaptieren können, heißt jedoch nicht, dass wir die eigene Wirkung nicht optimieren können. Beherzigen Sie die wichtigsten Grundsätze eines sympathischen Auftretens und der erste Eindruck wird in jedem Fall positiv sein. Die folgenden vier Regeln werden Ihnen dabei helfen:

Machen Sie sich locker!

Welchen Eindruck haben Sie von einer Person, der Sie sofort ansehen, wie nervös oder unsicher sie ist? Genau! Niemand wirkt souverän, selbstsicher, offen und sympathisch, wenn er sich fast in sich selbst verkriecht und mit eingezogenem Brustkorb, gesenktem Kopf und hängenden Schultern auf jemanden zugeht. Immerhin ist unsere Körperhaltung und die Art, wie wir stehen, sitzen oder gehen, so etwas wie unsere ureigenste Visitenkarte. Wer also seine innerlich offene und selbstbewusste Haltung zeigen will, sollte dies auch nach außen kehren. Eine militärische »Brust-raus-Bauch-rein«-Haltung ist natürlich zuviel des Guten und wirkt vor allem verbissen, aber eine gute Körperspannung hat noch niemandem geschadet. Die optimale Haltung: Aufrecht und in Beckenbreite fest auf dem Boden stehen, die Brust heben und geradeaus blicken. So vermitteln Sie eine gute »Bodenhaftung« und signalisieren gleichzeitig die Bereitschaft, auf andere zuzugehen. Eine ideale Mischung also aus Spannung und Entspannung bzw. Lockerheit. Aber Achtung: Ebenso wie Personen, die im wahrsten Sinne des Wortes entweder »stocksteif« sind oder sich »hängen lassen« in erster Linie Unflexibilität oder Lustlosigkeit signalisieren, wirkt jemand, der nie still stehen kann auch nicht souverän, sondern vielmehr unkonzentriert und unentschlossen.

Lebendig – aber nicht hyperaktiv!

Der goldene Mittelweg ist auch hinsichtlich der Gestik optimal: Weder ein völlig passives Verhalten, bei dem Sie so wirken, als wären Ihnen beide Arme eingeschlafen, noch die »hyperaktive« Variante, bei der Sie gestikulieren, als würden Sie unter Strom stehen, ist zu empfehlen. Ideal ist eine aktive Gestik, die Ihre Worte unterstreicht, sie aber nicht überdeckt; so wirken Sie lebendig und engagiert. Übrigens: Alle Gesten, die sich oberhalb der Gürtellinie abspielen und die von unten nach oben verlaufen, wirken positiv.

Die richtige Begrüßung

Die Begrüßung ist sehr häufig der erste körperliche Kontakt zu einer Person, bei dem wir unbewusst bereits eine Menge über uns selbst preisgeben. Zum Beispiel, ob wir dominant und energisch sind oder doch eher zurückhaltend und schüchtern. Generell lässt sich auf Anhieb sagen, ob ein Händedruck warm, kalt, feucht, fest, locker, lang oder kurz ist. Diese Unterscheidungen lassen aber noch keine Aussagen über den Persönlichkeitstypus unseres Gegenübers zu. Um den Handschlag richtig deuten zu können, sollte beispielsweise auch der Blickkontakt bei der Begrüßung berücksichtigt werden. Der Grund: Personen, die beim Händeschütteln den Blickkontakt meiden, gelten als schüchtern oder vermitteln den Eindruck, sie hätten etwas zu verbergen. Wer stattdessen dem anderen ruhig in die Augen schaut, erweckt dessen Vertrauen. Was den Handschlag selbst betrifft, gilt ebenfalls wieder: nicht zu viel und nicht zu wenig. Oder anders gesagt: Sowohl den – für unser Gegenüber schmerzhaften – »Quetschgriff«, als auch das Modell »Toter Fisch« sollten wir vermeiden. Und auch die beidhändige »Gebrauchtwagenhändler-Variante« ist nicht zu empfehlen. Bei einem offenen Händedruck, der weder Dominanz noch Unterwerfung signalisieren soll, greifen dagegen beide Hände tief ineinander, sodass sich beide Handflächen berühren.

Übrigens: Noch viel wichtiger als der Händedruck selbst ist es, nicht körperlich in das »Territorium« unseres Gegenübers einzudringen. Das bedeutet: Halten Sie immer eine Armlänge Abstand! Dies entspricht dem natürlichen Distanzbedürfnis der meisten Menschen. Wer dieses nicht respektiert, hat schnell verloren.

Lächeln – aber bitte richtig!

Ein Garant für eine absolut sympathische Ausstrahlung und damit einen positiven ersten Eindruck ist die einfachste mimische Geste schlechthin – ein Lächeln! Es gibt viele wissenschaftliche Studien, die belegen, dass ein Lächeln Ihrerseits Ihren Gesprächspartner motiviert und bei ihm die Bereitschaft auslöst, sich weiter mit Ihnen oder Ihrer Angelegenheit zu beschäftigen. Aber echt muss es sein! Ziehen Sie also nicht einfach nur die Mundwinkel nach oben – lächeln Sie mit dem ganzen Gesicht. Hochgezogene Wangen, kleine Fältchen um die Augen und gesenkte Augenbrauen, die das Lächeln begleiten, sind ein sicheres Zeichen dafür, dass Fröhlichkeit nicht nur vorgetäuscht wird. Mit einem kleinen Lächeln bewirken Sie außerdem automatisch einen freundlichen und offenen Blick, mit dem Sie in jeder Situation Interesse an der Person Ihres Gegenübers signalisieren und einen vertrauenswürdigen und selbstsicheren Eindruck erzeugen.

So viel zum Thema Körpersprache, mit der wir uns später noch intensiver beschäftigen werden. Zu unserer äußeren Erscheinung, die die Basis für das Urteil ist, das sich jemand von uns macht, zählen aber noch weitere Aspekte, wie beispielsweise unser Outfit.

Kleider machen Leute!

Immer dann, wenn unser Aussehen oder unser Verhalten nicht den Erwartungen der Person entsprechen, der wir zum ersten Mal begegnen, stehen die Chancen für einen guten ersten Eindruck schlecht. Ausschlaggebend für den Erfolg bzw. Misserfolg einer ersten Begegnung ist daher in gewissem Maße auch unsere Kleidung – besonders bei beruflichen Kontakten. Hinzu kommt, dass jeder durch die Wahl seiner Bekleidung die Möglichkeit hat, Einfluss auf sein Selbstbild zu nehmen und es sogar bewusst zu managen. Wenn Sie jetzt wissen möchten, was Sie in welcher Situation anziehen sollen, gibt es dafür kein Patentrezept – das müssen Sie für sich selbst entscheiden. Aber es wird Ihnen auf jeden Fall bei der Entscheidung helfen, wenn Sie sich zur Kontrolle vor wichtigen Begegnungen die folgenden fünf Fragen stellen:

1. Ist die gewählte Kleidung angemessen und stimmig zum Anlass bzw. zur Situation?

2. Welche Personen sind anwesend und was werden sie tragen?

3. Welche Erwartungen haben andere an Ihr äußeres Erscheinungsbild?

4. Welche Wirkung wollen Sie mit Ihrem Äußeren erzielen und welche erzielen Sie tatsächlich?

5. Welche Signalwirkung hat die Farbe Ihrer Kleidung?

Auf die meisten Menschen wirkt es nicht nur unpassend, wenn Sie zu einem bestimmten Anlass unangemessene Kleidung tragen, sie empfinden es durchaus auch als Missachtung, Provokation oder gar Beleidigung ihrer eigenen Person – das gilt vor allem für zu legere Kleidung. Doch auch, wenn Sie deutlich »overdressed« erscheinen, könnte Ihnen das negativ ausgelegt werden. Beides schadet dem ersten Eindruck.

Entscheidend ist auch, dass Sie sich in Ihrem Outfit wohl fühlen und damit Ihre Persönlichkeit und Ihre Individualität unterstreichen. Wer die harte Business-Lady oder den coolen Draufgänger mimt, obwohl sie/er in Wirklichkeit eher zurückhaltend und introvertiert ist, wirkt auf andere unglaubhaft und damit auch nicht sehr sympathisch. Authentizität steht auch hier an erster Stelle.

Stimmiger Eindruck – leicht gemacht

So weit, so gut. Wenn Sie also bei einer ersten Begegnung darauf achten, dass Ihre Körpersprache offen und sympathisch wirkt und Ihr Outfit der Situation angepasst ist, haben Sie den positiven ersten Eindruck praktisch schon in der Tasche. Allerdings folgt auf den kurzen Augenblick, in dem Ihre äußere Erscheinung »gescannt« und beurteilt wird, ein weiterer entscheidender

Tipps gegen Nervosität

BAUMGARTNERS TRICKKISTE

Treffen wir eine Person zum ersten Mal – sei es privat oder geschäftlich –, sind wir häufig ein wenig aufgeregt oder unruhig. Gegen diese Nervosität lässt sich jedoch leicht etwas tun:

- Entspannen Sie sich! Gehen Sie ein bis zwei Stunden vor dem Treffen an der frischen Luft spazieren. Das wird Sie auf andere Gedanken bringen und die Nervosität im Zaum halten.
- Erinnern Sie sich dabei an Situationen, in denen Sie sich gut und souverän gefühlt haben, und machen Sie sich bewusst, was genau Sie in diesen Situationen so stark gemacht hat.
- Treffen Sie sich vorher mit vertrauten Personen, in deren Gegenwart Sie sich sicher und wohl fühlen und machen Sie ein wenig Smalltalk zur Auflockerung. Ist keine Vertrauensperson in der Nähe, telefonieren Sie mit ihr. Forscher der University of California in Los Angeles haben herausgefunden, dass man am besten negative Gefühle verarbeitet, wenn man sie in Worte fasst, sie also einem anderen Menschen mitteilt. Reden hilft!
- Atmen Sie kurz vor der Begegnung noch ein paar Mal langsam tief ein und aus, bringen Sie Ihren Körper auf Spannung und lächeln Sie! Dann kann nichts mehr schief gehen.

Moment: der Zeitpunkt, ab dem Sie verbal kommunizieren müssen. Der beste Tipp für diesen Teil des Programms: Üben Sie Ihren »Text«! Wie so vieles andere können Sie auch freies und flüssiges Sprechen trainieren. Warum üben Sie beispielsweise ein Vorstellungsgespräch nicht in einer Art Rollenspiel mit einem Bekannten oder Freund ein? Dabei sollten Sie und Ihr Trainingspartner nicht nur auf einen angenehmen Sprachfluss, sondern auch auf weitere Aspekte wie Lautstärke, Tonhöhe, Redegeschwindigkeit oder Dialekt achten. Das Ziel: eine verbale Kommunikationsweise, die erstens zu Ihnen passt und nicht künstlich wirkt – lieber ein ehrlicher Dialekteinschlag oder Akzent als ein unnatürliches Schulbuch-Hochdeutsch – und die vor allem mit Ihrer nonverbalen Sprache, also Ihrer Körpersprache, Kleidung etc. ein stimmiges Gesamtbild ergibt. Denn nur, wenn Ihr Körper und Ihr Geist die gleiche Sprache sprechen, wirken Sie authentisch und glaubwürdig – die wichtigste Voraussetzung, um andere zu gewinnen.

Menschenkenntnis – Entdecken Sie Ihr Gegenüber!

So viel wissen wir jetzt also schon mal: Der erste Eindruck entscheidet zwar nicht »über Leben und Tod«, aber er ist trotz allem wichtig, denn idealerweise ist er unsere Eintrittskarte in ein vertiefendes Gespräch oder ein näheres Kennenlernen. Aber was passiert nun nach dem ersten Eindruck, wenn eine uns bisher fremde Person bei uns nicht komplett »durchgefallen« ist? Wie entstehen der zweite, dritte und alle weiteren Eindrücke? Wie machen wir uns ein Bild von jemandem, den wir neu kennenlernen?

Natürlich wäre es das Beste, sich mit jeder Person, die uns noch nicht bekannt und schon gar nicht vertraut ist, so lange zu beschäftigen, bis wir denken, diesen Menschen gründlich oder zumindest gut genug zu kennen. Aber diese Zeit haben wir meistens nicht, oder wir sind einfach zu ungeduldig. Stellen Sie sich nur einmal vor, Sie bekommen einen neuen Kollegen, mit dem Sie von Anfang an eng zusammenarbeiten müssen – eine Situation, die Teamwork und auch ein gewisses Maß an Vertrauen verlangt. Oder Sie lernen jemanden kennen und haben von der ersten Sekunde an die berühmten Schmetterlinge im Bauch. Können Sie sich in solchen Situationen wochenlang Zeit nehmen, den anderen gründlich kennenzulernen? Und wollen Sie sich tatsächlich so lange mit Ihren Gefühlen zurückhalten, bis Sie sich ganz sicher sind, dass es sich um den perfekten Partner für Sie handelt? Nein! Dafür haben Sie wahrscheinlich keine Zeit und auch keine Geduld und müssen daher improvisieren. Das heißt, Sie müssen sich in kurzer Zeit ein möglichst umfassendes Bild von Ihrem Gegenüber machen – keine leichte Aufgabe, bei der Ihnen jedoch eines zu Hilfe kommt: Ihre Menschenkenntnis.

Natürlich ist die Erkenntnis, dass gute Menschenkenntnis im täglichen Umgang hilfreich ist, nicht neu. Auch kann der gedankenlose Umgang damit leicht zu hinderlichem »Schubladendenken« führen. Trotzdem stellt sie aber besonders bei Menschen, die wir noch nicht kennen, einen unschlagbaren Vorteil dar. Gute Menschenkenntnis ist gleichsam der Schlüssel zum Erfolg und zu mehr Lebensglück. Fachkompetenz hin oder her – wenn Sie mit den Personen, mit denen Sie beruflich zu tun haben, nicht umgehen können, nützen Ihnen auch die überzeugendsten Argumente wenig. Jeder Mensch ist schließlich anders und will als Individuum behandelt werden. Wenn Sie also andere für sich gewinnen und begeistern wollen, sollten Sie Ihr Gegenüber zunächst richtig einschätzen können und sich anschließend bemühen, den anderen wirklich kennenzulernen. Und für diese erste Einschätzung ist gute Menschenkenntnis eine Fähigkeit, auf die Sie nicht verzichten sollten.

Menschenkenntnis: Was ist das?

Doch was ist eigentlich »Menschenkenntnis« genau? Fangen wir zunächst mit einer Definition an: Unter Menschenkenntnis versteht man die Fähigkeit, individuelle und typische Charakteristika von Einzelpersonen und Personengruppen zutreffend vorhersagen, erkennen und berücksichtigen zu können. Menschenkenntnis resultiert einerseits aus Erfahrungen, die man im Umgang mit vielen unterschiedlichen Menschen sammelt. Andererseits kann Menschenkenntnis aber auch dem Wissen über empirisch fundierte Menschentypologien entspringen. Dabei ist es wichtig, dass solche Typologien nicht als Patentrezept und absolute Wahrheit verstanden werden, sondern lediglich als Hilfestellung bei der eigenen Einschätzung von Menschen dienen. Kurzum: Menschenkenntnis bedeutet nichts anderes, als eine Person wirklich zu erkennen und zu verstehen!

Erfolgsfaktor Menschenkenntnis

Welche Vorteile bringt eine gute Menschenkenntnis nun mit sich? Die Antwort: eine ganze Menge! Hier eine kleine Auswahl:

- Sie können Menschen aufgrund von tieferem Verständnis einfühlsamer zuhören.
- Sie können individuellere und tiefere Beziehungen aufbauen.
- Sie kennen die Situation, die Vorlieben und die Wertigkeiten Ihres Gesprächspartners besser und können ihn daher leichter überzeugen.

- Sie können Menschen besser motivieren, indem Sie deren Eigenheiten und Vorlieben ansprechen und bedienen.

- Sie können sich stärker in Ihr Gegenüber einfühlen und so Konflikte besser lösen.

- Sie haben mehr Freude an sozialen Kontakten, weil Sie trotz aller hilfreichen Typologien die Einzigartigkeit eines jeden Menschen erkennen und schätzen.

Werden Sie zum Menschenkenner!

Diese Argumente machen deutlich, wie wichtig eine gute Menschenkenntnis in den verschiedensten Situationen unseres Lebens ist – sowohl im Job als auch in allen anderen zwischenmenschlichen Beziehungen. Wir alle wissen, dass eine hohe soziale Kompetenz uns oft weiter bringt als das größte Fachwissen. Und so stellt sich uns automatisch die dritte und schwierigste Frage: Wie werde ich zum Menschenkenner? Wie schaffe ich es, meine Mitmenschen immer möglichst treffend einzuschätzen?

Sammeln Sie Erfahrungen

Einen Lösungsansatz für dieses »Rätsel« hat uns schon unsere Definition geliefert. Eine Vielzahl von Erfahrungen im Umgang mit verschiedensten Menschen zu sammeln, ist ohne Zweifel der beste Weg, die eigene Menschenkenntnis immer weiter zu perfektionieren und im Lauf der Zeit einen persönlichen »Katalog« von charakteristischen Merkmalen unterschiedlicher Menschentypen anzulegen, der bei der ersten Einschätzung fremder Personen hilfreich ist.

Nicht jeder kann jedoch auf einen solch reichen Erfahrungsschatz zurückgreifen und braucht daher eine Hilfestellung. Die bereits erwähnten Typologien, können hier wertvolle Dienste leisten; sie nehmen uns die »Arbeit«, jemanden kennenzulernen, zwar nicht ab, können uns aber als eine Art Wegweiser dienen. Die Idee: Gelingt es mir, dank einer Typologie bei der Einschätzung einer fremden Person schon zu Beginn in etwa die richtige Richtung einzuschlagen, kann ich mich bereits ein wenig auf mein Gegenüber einstellen und es wird einfacher, den anderen besser kennenzulernen.

Mit solchen Typologien sollten wir verantwortungsvoll umgehen, da es sich nicht um absolute Wahrheiten, sondern lediglich um Ausschnitte aus dem »Gesamtwerk« einer individuellen Persönlichkeit handelt, die lediglich als Hilfestellung dienen. Bleibt also die Frage, welche Typologien man kennen sollte – immerhin existiert mittlerweile eine beachtliche Anzahl solcher Persönlichkeitsmodelle, deren Geburtsstunden vom griechischen Altertum bis in unser 21. Jahrhundert reichen. Von der »Delfin-Strategie« über das indianische Medizinrad bis hin zum »Walt-Disney-Modell« folgen diese Typologien alle einem anderen Ansatz oder einer anderen Idee. Unterm Strich findet sich jedoch erstaunlicherweise bei fast allen eine sehr ähnliche Struktur, wie sie bereits auch die Temperamentenlehre des griechischen Arztes und Gelehrten Hippokrates von Kos aufweist.

Fast 2500 Jahre ist es her, dass Hippokrates vier unterschiedliche Temperamente definierte, deren Ursprung er den verschiedenen Körpersäften des menschlichen Organismus zuschrieb. Vier Temperamente, deren Namen zum Teil fester Bestandteil unseres Alltagswortschatzes geworden sind. Da gibt es den aktiven Sanguiniker, den passiven Phlegmatiker, den nachdenklichen Melancholiker und den reizbaren Choleriker. Eine noch immer nachvollziehbare, aber auch sehr »grobe« Einteilung menschlicher Persönlichkeiten. Wie bei allen derartigen Modellen existieren diese verschiedenen Temperamente im wahren Leben daher auch fast nie in Reinform.

Einen realitätsnäheren Ansatz verfolgt dagegen die Studie des Psychoanalytikers Fritz Riemann aus den 1960er Jahren, die wir uns einmal etwas näher ansehen wollen. Riemann unterscheidet Personen nach den vier Grundängsten des Menschen, deren jeweilige Akzentuierung zu einem bestimmten Persönlichkeitstyp führt. Warum Riemann sich ausgerechnet an der Angst des Menschen orientiert, leuchtet bei näherer Betrachtung durchaus ein, denn immerhin hat Angst zweierlei Auswirkungen: Sie kann uns nicht nur lähmen, wie beispielsweise bei Lampenfieber oder Prüfungsangst, sondern uns im positiven Fall auch aktivieren, was an unserem ursprünglichen Fluchtinstinkt in Gefahrensituationen zu erkennen ist. Betrachtet man also die grundlegenden Ängste des Menschen, ergeben sich die folgenden vier unterschiedlichen Persönlichkeitstypen:

Der Typ, der nach Distanz strebt

Die erste Grundform der Angst basiert auf dem Wunsch nach Individualität. Dieser Wunsch geht einher mit der Angst vor Selbsthingabe, Ich-Verlust und Abhängigkeit.

Um dieser vermeintlichen Gefahr vorzubeugen, tendiert dieser Typ dazu, auf Distanz zu gehen und lieber für sich zu bleiben. Damit will er seine Persönlichkeit und seine Individualität vor äußeren Einflüssen schützen.

Die Folge: Durch seine Distanziertheit zu anderen Menschen besitzt dieser Typ meist weniger Einfühlungsvermögen als andere und ist daher in seiner Ausdrucksweise oft extrem. Woran man den Distanz-Typ sonst noch erkennt? Unabhängige Menschen, die gern selbstständig und eigenverantwortlich arbeiten, sind typische »Distanzler«. Und auch wenn diese Gattung manchmal etwas bindungsscheu und verschlossen ist, haben ihre Vertreter doch auch sehr viele positive Eigenschaften. Der klassische Distanz-Typ ist in der Regel fantasievoll und originell, selbstbewusst, ein guter Beobachter, kritisch und unbestechlich, konsequent, kompromisslos und integer. Kein Wunder also, dass der Distanz-Typ eher zu theoretischen Berufen tendiert und häufig als Naturwissenschaftler oder Psychologe arbeitet.

Und so gewinnen Sie ihn:

Körpersprache: geschlossen, defensiv, distanziert

Stimmklang: ruhig, vernünftig, nüchtern, objektiv, neutral

Wortwahl (Inhalt): Bleiben Sie sachlich und vermeiden Sie Wörter wie z. B. »gemeinsam«, »wir«, »uns«, »Hilfe«, »Liebe«, »Harmonie«, »Abhängigkeit«, »Unterordnung«, »müssen«, »Verpflichtung«, »Zuneigung«, »Kompromisse« und verwenden Sie stattdessen Begriffe wie »Freiheit«, »Selbstständigkeit«, »Souveränität«, »Überzeugung« etc.

Der Typ, der nach Nähe strebt

Im Gegensatz zum Distanz-Typ entsteht die zweite Grundform der Angst aus dem Wunsch, die eigene Persönlichkeit einem übergeordneten Ganzen unterzuordnen.

Der Typ Mensch, der nach Nähe strebt, hat demnach Angst vor der Selbstwerdung, die er als Einsamkeit und Isolation empfindet. Lieber lebt er durch andere Menschen und bindet sich gerne an eine feste Bezugsperson. Aus der Angst vor Distanz zu dieser Person tendiert der Nähe-Typ dazu, Spannungen oder Probleme innerhalb einer Beziehung zu verdrängen und stattdessen an das Gute im Menschen zu glauben – die klassische Vogel-Strauß-Politik also. Um sein Gegenüber immer zufriedenzustellen und die Nähe nicht zu gefährden, bedient sich der klassische »Kletten«-Typ deshalb gerne unwiderstehlicher Tugenden wie Bescheidenheit, Verzichtbereitschaft, Friedfertigkeit, Selbstlosigkeit, Mitgefühl und Mitleid. Eigene Wünsche oder der Anspruch auf Selbstständigkeit werden dagegen zurückgestellt oder im Extremfall sogar völlig fallen gelassen. Menschen, die Nähe suchen, sind also einerseits relativ unselbstständig und konfliktscheu, zeichnen sich aber durch positive Charakterzüge wie Einfühlsamkeit, Hilfsbereitschaft, Fürsorglichkeit, Geduld und Selbstlosigkeit aus. Dementsprechend fällt auch die Berufswahl des Nähe-Typs meist auf soziale, medizinische oder pädagogische Jobs.

Und so gewinnen Sie ihn:

Körpersprache: offen, positiv, einladend

Stimmklang: melodiös, gewinnend, vertrauenerweckend, tendenziell leise

Wortwahl (Inhalt): Vermeiden Sie Wörter bzw. Redewendungen wie »Farbe bekennen«, »die Fakten auf den Tisch legen«, »Jetzt mal Hand aufs Herz«, »Konflikt«, »Streit«, »Ärger«, »Freiheit«, »Selbstständigkeit«, »Souveränität«, »Überzeugung«, wenn Sie mit dem Nähe-Typ sprechen. Verwenden Sie stattdessen verstärkt emotionale Wörter wie z. B. »gemeinsam«, »wir«, »uns«, »Hilfe«, »Liebe«, »Abhängigkeit«, »Unterordnung«, »müssen«, »Verpflichtung«, »Harmonie«, »Zuneigung«, »Kompromisse« etc.

Der Typ, der nach Beständigkeit strebt

Der Wunsch nach Beständigkeit bestimmt die dritte Grundform der Angst – die Angst vor der Wandlung, vor der Veränderung, die als Vergänglichkeit und Unsicherheit empfunden wird.

Natürlich braucht jeder Mensch eine gewisse feste Struktur in seinem Leben, und die meisten Menschen streben im Allgemeinen nach Dauer und Beständigkeit. Beim Beständigkeits-Typen ist die daraus resultierende Angst vor Risiko, Veränderung und Erneuerungen allerdings übermäßig stark ausgeprägt. Diese Persönlichkeiten halten deshalb konsequent an Meinungen und Gewohnheiten fest. Sie leben stets vorsichtig, vorausschauend und mit einer zielbewussten langfristigen Lebensplanung. Unvorhergesehene Ereignisse und plötzliche Veränderungen beunruhigen ihn. Was den typischen Beständigkeits-Menschen verrät? Trotz voller Kleiderschränke greift er bevorzugt zu den alten Sachen. Er entwickelt gern sogenannte Ticks und kontrolliert beispielsweise zehnmal, ob die Kaffeemaschine wirklich ausgeschaltet ist. Er kann nichts wegwerfen und ist ein leidenschaftlicher Sammler. Auf der einen Seite oft konservativ, zögerlich und eigensinnig, ist der Beständigkeits-Typ andererseits aber auch sehr zuverlässig, ordentlich, korrekt, fleißig und verantwortungsbewusst. Handwerksberufe, die Präzision erfordern, oder das Gebiet der Rechtswissenschaften gehören daher zu den bevorzugten Arbeitsfeldern des Beständigkeits-Typen.

Und so gewinnen Sie ihn:

Körpersprache: offen, positiv, einladend

Stimmklang: melodiös, freundlich, harmonisch, tendenziell leise

Wortwahl (Inhalt): Vermeiden Sie Wörter wie z. B. »Zukunft«, »Veränderung«, »Risiko«, »Perspektive«, »Vision«, »Freiheit«, »Bewunderung«, »Anerkennung«, »Glanz«, »Ehre«, »Stolz«, »Freude«, »Erneuerung« und verwenden Sie stattdessen Ausdrücke wie z. B. »Beständigkeit«, »fleißig«, »Werte«, »Regelmäßigkeit«, »Sicherheit«, »Masterplan«, »Tradition«, »Konzept« etc.

Der Typ, der nach Wandel strebt

Im Gegensatz zum Beständigkeits-Typen strebt der Wandel-Typ nach ständiger Weiterentwicklung. Sein Merkmal: die Angst vor Ordnung und Notwendigkeit, die er mit Endgültigkeit und Unfreiheit gleichsetzt. Seine Ziele: der Zauber des Neuen, der Reiz des Unbekannten und die Freude am Wagnis.

Der Wandel-Typ lebt von Augenblick zu Augenblick, immer auf der Suche nach neuen Abenteuern. Das Wichtigste für ihn ist das Gefühl, frei zu sein. Aus diesem Grund hat der Wandel-Typ mit Dingen, die von vornherein durch Gesetze, Konventionen oder die Natur unausweichlich festgelegt sind, seine Probleme. Auch Anforderungen wie Pünktlichkeit, Zeitpläne oder Erfassungsbögen im Kundengespräch empfindet er als Freiheitsbeschränkung. Derart kleinliche und pedantische Maßnahmen werden von ihm daher meist auf Kosten anderer ignoriert. Auch wenn Wandel-Typen oft als unzuverlässig und manchmal als geltungssüchtig bezeichnet werden, haben sie viele guten Seiten: Sie sind begeisterungsfähig, impulsiv, optimistisch, gesellig, risikofreudig und lebhaft. Im Beruf zeigen sie besonders gerne persönlichen Einsatz und bevorzugen Jobs, in denen es auf Kontaktfähigkeit und Kontaktfreudigkeit ankommt, wie im Verkauf oder Vertrieb.

Und so gewinnen Sie ihn:

Körpersprache: offen, positiv, einladend

Stimmklang: positiv, zupackend, motivierend, extrovertiert, tendenziell lauter

Wortwahl (Inhalt): Vermeiden Sie Begriffe wie z. B. »Beständigkeit«, »fleißig«, »Werte«, »Regelmäßigkeit«, »Sicherheit«, »Masterplan«, »Tradition«, »Konzept« und verwenden Sie stattdessen Wörter wie z. B. »Zukunft«, »Veränderung«, »Risiko«, »Perspektive«, »Vision«, »Freiheit«, »Bewunderung«, »Anerkennung«, »Glanz«, »Ehre«, »Stolz«, »Freude«, »Erneuerung« etc.

Fazit: Typologien von Grundcharakteren können eine Hilfe bei der schnellen Einschätzung von Menschen sein. Dies gilt insbesondere für den Anfang eines neuen Kontakts, bei dem man sein Gegenüber schnell »einordnen« möchte, um daran das eigene Handeln auszurichten. Trotzdem können solche Modelle aber ein wirkliches Kennenlernen niemals ersetzen. Wir können Typologien sozusagen als »Schwimmflügel« nutzen, bis wir selbst einigermaßen sicher im Meer der Menschenkenntnis schwimmen. Eines sollten wir aber immer bedenken, egal mit welchem System wir unsere »Schwimmübungen« machen: Eine Typologie berücksichtigt oftmals nur einzelne Kriterien bzw. Präferenzen eines Charakters und lässt andere – möglicherweise wichtige – Persönlichkeitseigenschaften bei der Einordnung außen vor. Das heißt, dass jedes Modell, jede Typologie und jede Einordnung nur eine von vielen möglichen Betrachtungsweisen eines Menschen ist und nie die wirkliche Komplexität einer Persönlichkeit erfasst.

Vermeiden Sie Schubladendenken!

Wählen Sie ein Typenmodell nach seinem Nutzen für Ihre persönliche Situation aus. Sind Sie beispielsweise im Vertrieb oder in einem Dienstleistungsberuf tätig, kann Ihnen ein Modell Hilfestellung geben, das verschiedene Kundentypen definiert. Wollen Sie Ihre Menschenkenntnis jedoch mehr im privaten Bereich verbessern, empfiehlt sich eine grundlegende Charaktertypologie. So oder so liefert Ihnen diese Vorgehensweise möglicherweise interessante und hilfreiche Anhaltspunkte für den weiteren Prozess des Kennenlernens. Und noch etwas kann Ihnen beim Studium verschiedener Typologien passieren: Sie können etwas über sich selbst erfahren, eine genauere Vorstellung davon bekommen, was Sie selbst für ein »Charakter« sind und wie Sie eventuell mehr aus Ihrem Typ machen können – und das nicht (nur) äußerlich. Ein Nebeneffekt, der Ihnen wiederum bei der Einschätzung anderer hilft, denn nur wer sich selbst gut kennt, kann auch sein Umfeld wirklich beurteilen.

Das Kennenlernen lernen

Jemanden wirklich kennenlernen – das ist leichter gesagt als getan! Natürlich liegt es auf der Hand, dass Kommunikation in jeglicher Form der beste Weg ist, etwas über einen Menschen und seinen Charakter zu erfahren. Teilt uns jemand seine Gedanken, Ideen, Wünsche oder Meinungen mit, erzählt er uns dadurch immer auch etwas über seine Persönlichkeit. Und auch die nonverbalen Signale, die unser Gegenüber sendet, wie zum Beispiel Körpersprache, Stimme oder Kleidung, verraten uns mehr, als wir vielleicht denken. Um einen Menschen besser kennenzulernen, haben wir also zwei Aufgaben: genau hinhören und genau hinsehen. Auf was es dabei ankommt, erfahren Sie in Kapitel 2 im Detail.

Doch nochmals zurück zum Kennenlernen im Allgemeinen: Neben den »Dos«, mit denen wir uns später noch beschäftigen werden, gibt es natürlich im Bereich der Menschenkenntnis auch gewisse »Don‘ts«, also einige Regeln und Grundsätze, in welche Fettnäpfchen man keinesfalls tappen sollte:

1. Machen Sie sich möglichst frei von Vorurteilen, sodass Sie jedem fremden Menschen neutral begegnen.

2. Beurteilen Sie fremde Menschen niemals vorschnell und nehmen Sie sich die Zeit, jemanden genau zu beobachten und gründlich kennenzulernen.

3. Achten Sie bei jedem Gespräch auch auf nonverbale Signale wie Mimik, Gestik, Haltung, Stimme und Sprechweise.

4. Lassen Sie sich nicht von Äußerlichkeiten täuschen. Ein anziehendes Äußeres verleitet uns gern dazu, einen Menschen für sympathischer und vertrauenswürdiger zu halten als weniger attraktive Menschen. Personen mit einem kindlichen Gesicht wecken häufig unseren Beschützerinstinkt. Und große Menschen werden oft als dominant und selbstsicher charakterisiert. Das kann, muss aber nicht unbedingt stimmen!

5. Wenn Sie eine Person sofort sehr sympathisch oder auch extrem unsympathisch finden, dann fragen Sie sich selbst, ob Sie vielleicht nicht objektiv sind und eine rosarote bzw. graue Brille tragen. Ist Ihnen jemand wirklich unsympathisch, studieren Sie diese Person besonders aufmerksam, um herauszufinden, warum Sie dieses Gefühl haben.

6. Oft kommt es vor, dass uns jemand stark an eine andere Person erinnert, was sich sowohl positiv als auch negativ auswirken kann – in jedem Fall sind Sie aber nicht mehr objektiv. Achten Sie deshalb in einem solchen Fall darauf, dass Sie

nicht unwillkürlich altbekannte Eigenschaften eines anderen in die fremde Person hineinprojizieren.

7. Versuchen Sie nicht, in fremden Personen bestimmte, eindeutige »Typen« zu sehen, denn dadurch wird Ihre Einschätzung zu

Das Trainingsprogramm für Ihre Menschenkenntnis

BAUMGARTNERS TRICKKISTE

Wie alle Soft Skills lässt sich auch die eigene Menschenkenntnis trainieren und optimieren. Hier ein paar Übungstipps:

- Nutzen Sie jede Gelegenheit, um Menschen genau zu beobachten und Rückschlüsse auf ihre momentane Befindlichkeit zu ziehen.
- Schauen Sie sich eine Talkshow an und nehmen Sie sie gleichzeitig auf Video auf. Drehen Sie beim Zuschauen den Ton ab und notieren Sie auf einem Zettel, was die Menschen Ihrer Meinung nach sagen und wie sie auf Sie wirken. Vergleichen Sie Ihre Eindrücke anschließend mit Ihrer Videoaufzeichnung.
- Versuchen Sie bei jeder neuen Begegnung, Ihren ersten Eindruck still für sich in Worte zu fassen. Fragen Sie sich, aufgrund welcher Eindrücke Sie zu Ihrer Einschätzung gekommen sind und beginnen Sie ein möglichst unvoreingenommenes Gespräch mit der Person. Achten Sie darauf, inwieweit das weitere Verhalten und vor allem die im Gespräch gewonnenen Informationen über die Person den ersten Eindruck bestätigen oder widerlegen.
- Nur wiederholtes Verhalten deutet auf stabile Charaktermerkmale hin. Was Sie als ersten Eindruck erleben, kann ein Ausnahmeverhalten sein, das in diesem Moment möglicherweise durch einen extremen emotionalen Zustand, aber auch durch Krankheit, Schlafmangel oder andere Einflüsse bedingt sein kann. Dadurch kann sehr leicht ein falscher Eindruck entstehen.
- Lernen Sie, richtig zuzuhören. Unterdrücken Sie den Impuls, bereits während der ersten Sätze Ihres Gegenüber über eine treffende Antwort nachzudenken. Lassen Sie Ihren Gesprächspartner reden und konzentrieren Sie sich darauf, das Gesagte nach zugrunde liegenden Motiven zu analysieren.
- Überprüfen Sie auch gelegentlich bei Menschen, die Sie lange kennen, ob Ihre Einschätzung einer Korrektur bedarf. Manchmal ändern sich unsere Mitmenschen, ohne dass wir ihre Entwicklung zur Kenntnis nehmen.
- Begeben Sie sich auch mal auf die »Gegenseite« und achten Sie darauf, wie andere Sie einschätzen.

stark vereinfacht. Niemand passt wirklich zu einhundert Prozent in eine Schublade. Machen Sie sich klar, dass jeder Mensch ein individuelles Wesen mit unverwechselbaren Gefühlen und Eigenschaften ist, die Sie nicht alle auf den ersten Blick erfassen können.

8. Versuchen Sie nicht nur herauszufinden, wie ein Mensch ist, sondern hinterfragen Sie auch immer die Gründe für sein Verhalten. Wenn Sie von bestimmten Erfahrungen und Erlebnissen einer Person wissen, können Sie auch deren Weltbild und ihr Verhalten besser verstehen.

Die Beziehungsebene – Kümmern Sie sich drum!

»Was ist der Unterschied zwischen einer Gans und einer Ente?« und »Warum spielen Sie lieber Piano als Keyboard?« Das waren zwei Fragen in einem Vorstellungsgespräch, das ich vor Jahren erleben durfte. Vielleicht ist Ihnen das auch schon mal passiert? Sie haben einen wichtigen geschäftlichen Termin, ein Vorstellungsgespräch oder ein entscheidendes Meeting mit Ihrem Vorgesetzten und bereiten sich tagelang auf diesen Moment vor. Sie erarbeiten unschlagbare Argumente, wappnen sich für sämtliche möglichen Fragen und legen sich eine lückenlose Gesprächsstrategie zurecht. Dann ist der große Tag gekommen und alles läuft wie am Schnürchen: Sie bekommen den Auftrag, den Job oder die Beförderung. Nur eines macht Sie stutzig: Von all den wichtigen Informationen, die Sie parat hatten, um Ihr Gegenüber zu überzeugen, konnten Sie nur einen Bruchteil ins Gespräch einbringen und haben sich stattdessen über Ihre Hobbys oder den letzten Urlaub Ihres Gesprächspartners unterhalten. Und trotzdem haben Sie den anderen für sich gewonnen. Warum? Ganz einfach: Sie haben auf der Beziehungsebene überzeugt.

Gespräche finden immer auf zwei verschiedenen Ebenen statt: der Sachebene und der Beziehungsebene. Während auf der Sachebene der rational-logische Teil der Argumentation beheimatet ist, also fachliche Inhalte, Fakten, Daten usw. (das »Was« des Gesprächs), werden auf der Beziehungsebene alle sogenannten sozio-emotionalen Informationen ausgetauscht wie Gefühle, Stimmungen oder Empfindungen (das »Wie« des Gesprächs). Was auf der Beziehungsebene passiert, drückt sich dann in dem aus, was wir Gesprächsklima nennen.

Wie ausschlaggebend dieser Faktor sein kann, weiß jeder, der schon mal ein »unangenehmes« Gespräch geführt hat. Unangenehm nicht wegen des Gesprächsthemas, sondern einfach, weil man sich unwohl gefühlt hat, ohne dass man dafür einen konkreten Grund hätte nennen können. Denn für das Gelingen von Kommunikationsprozessen innerhalb von familiären oder geschäftlichen Partnerschaften und insbesondere innerhalb von Liebesbeziehungen, ist die Qualität der Beziehungsebene von entscheidender Bedeutung. Schon Sigmund Freud war davon überzeugt, dass Vertrauen, emotionale Nähe, gemeinsame Werte sowie persönliche Voraussetzungen wie Ängste und Wünsche das Gelingen zwischenmenschlicher Kommunikation zu über 80 Prozent bestimmen. Wirklich gewinnen können Sie Ihr Gegenüber nur auf der Beziehungsebene, denn Ideen, Dienstleistungen und Produkte sind in der Regel austauschbar – der Mensch macht den Unterschied.

Noch anschaulicher wird dieses extreme Verhältnis, wenn Sie sich einen Eisberg vorstellen. Die Spitze, also der sichtbare Teil des Eisbergs, entspricht der Sachebene, während der Großteil der Eismasse unter der Wasseroberfläche versteckt ist. So wirkt auch die Beziehungsebene hauptsächlich

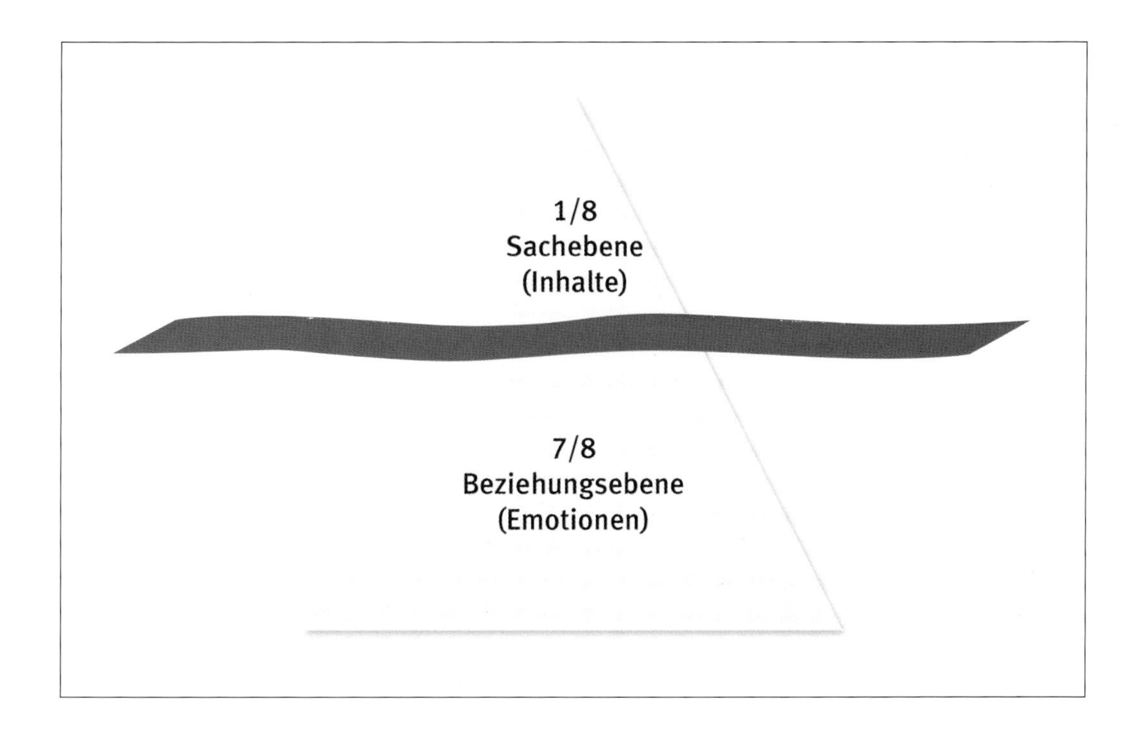

im Verborgenen. Wer also in seiner Kommunikation – sei es bei geschäftlichen, aber auch bei privaten Gesprächen – keinen Schiffbruch erleiden will, sollte darauf achten, was zwischen den Zeilen – oder in diesem Fall zwischen den Worten – ausgedrückt wird.

Das »Wie« bestimmt das »Was«

Worauf es außerdem ankommt, wenn wir ein optimales Gesprächsklima schaffen wollen, und wie wir die Beziehungsebene positiv beeinflussen können, sehen wir uns im Folgenden genauer an. Vorher aber noch ein Wort zum Thema Sachebene – um keine Missverständnisse aufkommen zu lassen. Auch wenn laut der Eisbergtheorie die Sachebene nur ein Achtel der Kommunikation ausmacht und die Beziehungsebene sieben Achtel, heißt das auf keinen Fall, dass es unwichtig ist, worüber gesprochen wird. Im Gegenteil: Das Thema eines Gesprächs, vielleicht eine neue Idee, ein wichtiger Vertragsabschluss, ein Produkt oder eine Gehaltsverhandlung, ist das »Geschenk«, das Sie Ihrem Gegenüber machen. Um nun aber Ihr Gegenüber wirklich für dieses »Geschenk« zu begeistern und zu gewinnen, müssen Sie jedoch vor allem eines schaffen: Sie müssen den richtigen Weg finden, an diese Person heranzukommen. Das heißt, Sie müssen Zugang zu Ihrem Gegenüber finden und diesen nicht nur rational, sondern auch emotional »packen«. Haben Sie schließlich die richtige Route entdeckt, können Sie diese auch zum Transport Ihrer Informationen benutzen.

Betreiben Sie Klimaforschung!

Wann empfinden Sie ein Gesprächsklima als angenehm? Welche Voraussetzungen müssen erfüllt sein, damit Sie sich mit Ihrem Gesprächspartner nicht unwohl fühlen, sondern entspannt und sicher? Kramen Sie einfach mal in Ihren Erinnerungen, denken Sie an verschiedenste Gespräche und vergleichen Sie positive und weniger positive Erfahrungen. Was war der ausschlaggebende Faktor bei einem »guten« Gespräch?

- *»Der andere war mir von Anfang an sympathisch.«*
- *»Man hat gleich gemerkt, dass wir auf einer Wellenlänge sind.«*
- *»Da hat einfach die Chemie gestimmt.«*
- *»Das war fast so, als ob wir uns schon ewig kennen würden.«*
- *»Das Gespräch war viel lockerer, als ich erwartet habe.«*
- *»Der andere war total offen und natürlich.«*
- *»Ich war gar nicht mehr nervös, das war ein total entspanntes Gespräch.«*

Bestimmt ging Ihnen einer dieser Gedanken auch schon mal durch den Kopf – vor allem nach einer Unterhaltung, von der Sie dies nicht erwartet hatten. Gerade bei geschäftlichen Verhandlungen und ähnlichen Anlässen neigen wir dazu, ein Gespräch als rein sachliche Angelegenheit zu betrachten. Denken Sie daran: Auch im Business-Alltag treffen keine Maschinen aufeinander, sondern Menschen. Egal, ob wir in unserer Freizeit jemanden im Café kennenlernen oder beim ersten Meeting auf einen neuen Kunden treffen – unser Unterbewusstsein entscheidet bei jedem sozialen Kontakt als allererstes, ob der andere uns sympathisch ist oder nicht. Wir spüren, wenn die Chemie stimmt – ganz egal, ob wir gerade mit einer neuen Bekanntschaft flirten oder eine geschäftliche Verhandlung bestreiten. Und egal in welchem Kontext ein kommunikativer Austausch stattfindet – wir fühlen uns dann wohl in einer Gesprächssituation, wenn der andere uns sympathisch ist, wenn er uns offen und glaubwürdig erscheint und wenn wir das Gefühl haben, dass er uns ähnlich ist. Das heißt, je mehr Gemeinsamkeiten wir hinsichtlich Charaktereigenschaften, Interessen und Einstellungen empfinden, desto wohler fühlen wir uns in der Gegenwart des anderen.

Aber was, wenn zwischen uns und unserem Gesprächspartner die Chemie nicht auf Anhieb stimmt? Wenn wir das Gefühl haben, dass unser Gesprächspartner auf einer anderen Wellenlänge funkt? Ist ein optimales Gesprächsklima Glückssache oder Schicksal? Weder noch! Auch bei einem schwierigen Gespräch können Sie die Beziehungsebene zu Ihren Gunsten beeinflussen. Wie? Indem Sie wissen, wie Sie sich in einer Gesprächssituation optimal verhalten und was Sie besser bleiben lassen sollten.

Schaffen Sie ein angenehmes Gesprächsklima!

Selbst wenn wir auf jemanden treffen, der uns sympathisch ist, sind Gespräche mit einem zu diesem Zeitpunkt noch fremden Menschen anfänglich oft ein wenig steif. Dabei braucht es gar nicht viel, um dieses erste Eis zu brechen. Verhalten Sie sich einfach so, wie Sie es sich auch von Ihrem Gegenüber wünschen. Gehen Sie bewusst offen und unverkrampft auf den anderen zu und bauen Sie die Distanz ab. Wenn Sie ein Experiment wagen wollen, gehen Sie in eines Ihrer nächsten Gespräche mit dem Vorsatz: »Ich bin verwundbar offen und es kann mir nichts passieren«. Bemühen Sie sich um ein partnerschaftliches Verhältnis zu Ihrem Gegenüber. **Faustregel: So wie Sie mit Ihrem Gesprächspartner umgehen, wird dieser auch mit Ihnen umgehen.**

Wichtige Faktoren bilden dabei Ihre Ausstrahlung und Ihre Körpersprache. Achten Sie bewusst auf Ihre Haltung, Gestik und Mimik; damit können Sie für ein ruhig-entspanntes, angenehm-sachliches Gesprächsklima sorgen, das Vertrauen schafft und Ihre Glaubwürdigkeit unterstreicht.

Machen Sie Ihren Gesprächspartner zum Star!

Wissen Sie im Vorfeld, dass Sie bestimmte Interessen mit Ihrem Gesprächspartner teilen oder kristallisieren sich während des Gesprächs Gemeinsamkeiten heraus, dann nutzen Sie diese, um eine emotionale Verbindung herzustellen. Nichts bringt Menschen einander näher als die Begeisterung oder das Interesse für dieselben Dinge. Aber Vorsicht: Übertreiben Sie es mit der bewussten »Wir-beide-sind-aus-dem-gleichen-Holz-geschnitzt«-Nummer nicht, sonst erwecken Sie schnell den Eindruck, dass Sie sich anbiedern wollen. Versuchen Sie lieber, die Gemeinsamkeiten beiläufig im Verlauf Ihrer Unterhaltung zu erwähnen. Das eigentliche Gesprächsthema ist schließlich ein anderes.

Versuchen Sie ebenso wenig, Ihrem Gegenüber auf Teufel komm raus zu schmeicheln, denn das wirkt mit Sicherheit kaum glaubwürdig und überzeugend. Des Weiteren ist es nicht ratsam, sich selbst in den Mittelpunkt des Gesprächs zu rücken. Vermeiden Sie also, in aller Ausführlichkeit sich selbst und Ihr Leben zu präsentieren. Ein wenig von sich zu erzählen, um das Gespräch auf eine persönlichere, entspanntere Ebene zu verlegen, kann natürlich durchaus hilfreich sein. Bleiben Sie aber bitte bescheiden in Ihrer Ich-Darstellung, denn alles andere erscheint als Imponiergehabe und macht Sie unsympathisch.

Holen Sie Ihr Gegenüber ab!

Um das gegenseitige Verständnis zu optimieren und dem anderen entgegenzukommen, sollten Sie versuchen, sich auch sprachlich auf Ihr Gegenüber einzustellen. Denn durch Erziehung, kulturelle Prägung oder berufliche Sozialisation spricht jeder von uns eine andere Sprache – mehr oder weniger sachlich, gefühlsbetont oder persönlich. Wenn wir uns also bemühen, dem anderen auf seiner »Frequenz« zu begegnen, mit ihm in Worten, Denkmustern, Beispielen und sprachlichen Formulierungen zu kommunizieren, die »seiner« Sprache entsprechen, können wir auf der Beziehungsebene mehrfach punkten. Zum einen signalisieren wir unserem Gesprächspartner auf diese Weise unbewusst einen gewissen Respekt, und zum anderen werden wir dadurch vertrauenswürdiger. Gute »Gesprächsführer« sind deshalb Menschen, die viele »Sprachen« sprechen, das heißt, sich in Gedanken und Worten auf ihr Gegenüber einstellen können.

Um noch einen Schritt weiter zu gehen, können Sie auch versuchen, die Situation mit den Augen Ihres Gegenübers zu sehen. Wenn Sie die speziellen Interessen und Vorstellungen Ihres Gesprächspartners beachten, schaffen Sie schneller Verständigung – vor allem auf der Beziehungsebene. Eine Regel, die vor allem für Überzeugungssituationen gilt: Halten Sie sich immer den Nutzen für den anderen vor Augen. Denn wer sich verstanden fühlt und den anderen als Partner für die Lösung seiner Probleme sieht, der ist für ein gutes Gespräch offen und lässt sich leichter gewinnen.

Alles in Maßen!

Sich in einen Gesprächspartner hineinzuversetzen ist gut – für den anderen mitzudenken, geht jedoch zu weit. Trotzdem glauben wir in Gesprächen häufig zu wissen, was der andere denkt und was er sagen wird, noch bevor er zum Reden angesetzt hat. Wir überlegen uns bereits eine Antwort auf die »gedachte« Aussage unseres Gegenübers, während dieser noch spricht. Durch diesen »Übereifer« hören wir dem anderen gar nicht mehr richtig zu und können deshalb erst recht keine passende Antwort geben. Die Folge: Unser Gesprächspartner fühlt sich nicht ernst genommen und die Qualität der Unterhaltung auf der Beziehungsebene sinkt.

Die Lösung: Dem anderen aktiv zuhören! Das heißt sowohl, dem Gesprächspartner genügend Zeit zu geben, seine Gedanken und Argumente auszuformulieren, als auch im Zweifelsfall zu überprüfen, ob man die Ansichten des anderen überhaupt richtig verstanden hat. Wie? Indem Sie einfach nachfragen, die Aussagen des anderen mit eigenen Worten wiederholen und gemeinsam überprüfen, ob Sie beide auch das Gleiche meinen. Oft werden Sie dabei die erstaunliche Entdeckung machen, dass der andere etwas ganz anderes meint, als Sie zunächst vermutet haben.

Vielleicht haben Sie bereits bemerkt, was alle diese »Verhaltensmaßregeln« gemeinsam haben. Genau: Ihr Gesprächspartner steht im Mittelpunkt! Sie wollen jemanden für sich gewinnen, ihn von einer Idee oder von einem Produkt überzeugen? Dann machen Sie Ihr Gegenüber zum Star! Das bedeutet, dass Sie ehrliches Interesse zeigen für das, was er sagt, denkt oder empfindet und sich selbst in den Hintergrund des Gesprächs stellen. Schließlich wollen Sie Ihren Gesprächspartner überzeugen und nicht umgekehrt.

Lachen entspannt!

Wer das Gefühl hat, dass sich die Welt für eine kurze Zeit ein klein wenig um ihn dreht, lässt sich ohne Zweifel leichter gewinnen als jemand, der sich nicht ernst genommen fühlt. Doch was tun, wenn das Eis doch dicker ist als erwartet und sich nicht so leicht brechen lässt? Haben Sie Ihr klassisches »Freundlichkeits-Repertoire« ausgeschöpft, aber noch immer herrscht auf der Beziehungsebene Funkstille? Dann versuchen Sie's mit Humor! Ganz richtig: Bringen Sie Ihr Gegenüber zum Lachen! Nichts ist geeigneter, um die Beziehungsebene zu verbessern, als gemeinsam Spaß zu haben – und sei es nur für die kurze Dauer einer Anekdote. Denn wenn wir lachen, fühlen wir uns automatisch glücklich. Und was kann Ihnen Besseres passieren als ein glücklicher Gesprächspartner! Hinzu kommt, dass vor allem geschäftliche Gespräche, die aufgrund ihrer Komplexität oftmals in Stocken geraten, durch die Fähigkeit, humorvoll zu reagieren und zu agieren, entspannter gestaltet werden können. Kein Wunder also, dass Humor immer mehr als wichtige soziale Kompetenz angesehen wird und in den englischsprachigen Ländern, besonders in den USA, bereits zu den wichtigsten Soft Skills zählt, um beruflich Karriere zu machen.

Fragen erlaubt!

Nehmen wir an, Sie führen ein wichtiges Gespräch und haben bisher alles richtig gemacht. Sie haben durch Ihr Verhalten – sowohl verbal als auch nonverbal – für eine angenehme Gesprächsatmosphäre gesorgt. Sie haben sich voll und ganz auf Ihren Gesprächspartner konzentriert, ihm aufmerksam zugehört und versucht, seine Gedanken und Argumente nachzuvollziehen. Und Sie haben an der einen oder anderen Stelle des Gesprächs eine witzige Bemerkung oder eine unterhaltsame Anekdote einfließen lassen, um das Ganze ein wenig aufzulockern. Das Problem: Trotz allem bleibt die Stimmung unterkühlt und auf der Beziehungsebene tut sich fast nichts – ohne dass Sie konkret sagen könnten, woran das liegt. Was machen Sie normalerweise, wenn Sie etwas nicht wissen? Richtig, Sie fragen nach.

Das mag Ihnen in so einer Situation vielleicht ziemlich radikal erscheinen und verlangt auch eine gewisse Portion Mut, aber Nachfragen hilft hier in jedem Fall weiter. Bitten Sie Ihren Gesprächspartner um ein offenes Feedback! Das heißt, fragen Sie ihn ganz direkt und ohne Umschweife nach seiner Meinung, wenn Sie aus seiner Haltung nicht schlau werden und auf der Beziehungsebene keine Signale empfangen. Die Folge: Ihr Gegenüber muss Ihnen antworten und somit in irgendeiner Weise reagieren. Es ist höchst unwahrscheinlich, dass der andere – so unvermittelt befragt – eine Antwort liefert, die nicht dem entspricht, was er wirklich denkt. Lassen Sie die Sachebene kurz beiseite und stellen Sie ihm Fragen auf der Beziehungsebene. Das kann zum Beispiel sein: »Darf ich Ihnen eine Frage stellen? Kommen Sie mit meiner persönlichen Art zurecht?« oder »Darf ich Ihnen eine Frage stellen? Mögen Sie mich persönlich?« Wer spontan um ein Feedback gebeten wird, antwortet in der Regel auch spontan und dementsprechend ehrlich. Für Sie bedeutet das: Selbst wenn der andere zwar offen und ehrlich, aber leider eher ablehnend reagiert bzw. das Feedback nicht so positiv ausfällt, wie Sie sich das wünschen, wissen Sie jetzt wenigstens, wo Sie stehen und können entsprechend reagieren. Haken Sie nach, um herauszufinden, wo Ihre Vorstellungen mit denen Ihres Gesprächspartners korrelieren und wo nicht. Sie können auf diese Weise nur gewinnen, weil Sie dem anderen erneut das Gefühl geben, ernst genommen zu werden. Das Ergebnis: Selbst wenn Sie nicht auf einer Wellenlänge sind, werden Sie auf diesem Weg den größtmöglichen gemeinsamen Nenner mit Ihrem Gegenüber finden und das Maximum aus Ihrer Beziehungsebene herausholen.

WMWSGM – Wenn's Mal Wieder Schneller Gehen Muss

Nicht immer haben wir alle Zeit der Welt, um eine Beziehungsebene zu unserem Gegenüber aufzubauen. Im Moderatorenalltag kann das zum Beispiel bedeuten, dass ein prominenter Gesprächspartner zum Interview kommt und nur begrenzt Zeit mitbringt. Oftmals wartet zudem noch ein Journalistenkollege im Hintergrund, der für seine Sendung ebenfalls ein Interview aufzeichnen möchte. Es entsteht Zeitdruck.

Aus dem Nähkästchen

Um den Unterschied zwischen der Sach- und der Beziehungsebene eines Gesprächs zu verdeutlichen, fällt mir immer wieder ein kurzer, eigentlich unspektakulärer, aber doch verblüffender Wortwechsel mit einem ehemaligen Kollegen ein. Nachdem wir schon fünf Jahre lang zusammengearbeitet hatten, fragte ich ihn eines Tages: »Sag mal, magst du mich eigentlich persönlich?« – ganz einfach, weil ich das Gefühl hatte, dass nach all der Zeit das persönliche Verhältnis unter uns beiden verbesserungswürdig war. Seine erschrockene Antwort kam wie aus der Pistole geschossen: »Warum, bist du mit meiner Arbeit nicht zufrieden?«
Da waren sie also, die beiden Ebenen einer Kommunikation, die dazu führen können, dass man manchmal im wahrsten Sinne des Wortes aneinander vorbeiredet. Denn während ich eine Frage auf der Beziehungsebene gestellt hatte, befand sich mein Kollege auf der Sachebene und reagierte dementsprechend.

Wie baut man in solchen Situationen trotzdem in kurzer Zeit eine tolle Beziehungsebene auf? Für solche Fälle hat sich die WMWSGM-Strategie bestens bewährt, die Sie eins zu eins in Ihren Alltag übernehmen können.

Phase 1: Einschätzen

Ihr Gesprächspartner kommt auf Sie zu und Sie lesen gefühlsmäßig seinen inneren Zustand ab. Welchen Eindruck macht er auf Sie?

- Sympathisch oder unsympathisch?
- Verspannt oder relaxt?
- Freundlich oder unfreundlich?
- Lächelnd oder miesepetrig?
- Offene Körpersprache oder eher verschlossen?
- Was machen die Augen? Flackern sie oder sind sie ruhig?
- Erscheint er gehetzt oder ausgeglichen?

In der ersten Phase scannen Sie ihn nur ein, rein subjektive Interpretation; die Informationen, die Sie aufnehmen, können stimmen, müssen aber nicht. Reine Kaffeesatzleserei.

Phase 2: Spiegeln

Sie passen sich Ihrem Gegenüber an. Das kann sprachlich geschehen, aber auch nonverbal ablaufen.

Wirkt sein Verhalten eher zurückhaltend und schüchtern, dann seien Sie in Ihrer Haltung, Gestik und Mimik nicht zu dominant. Nehmen Sie sich ebenfalls ein wenig zurück und lassen Sie Ihren Gesprächspartner erst Vertrauen gewinnen. Umgekehrt empfiehlt sich bei Menschen, die Ihnen sehr selbstbewusst und energisch begegnen, ein vergleichbares Auftreten. Wenn Sie in so einem Fall zu passiv oder zurückhaltend sind, kann schnell ein einseitiges Dominanzverhalten auf Seiten Ihres Gegenübers entstehen, das nur schwer wieder zu nivellieren ist.

Wollen Sie also weder einschüchternd noch eingeschüchtert auf einen Menschen wirken, den Sie gerade erst kennenlernen, dann versuchen Sie, dessen Körpersprache zu spiegeln. Das heisst:

- Bleiben Sie immer auf Augenhöhe. Sitzt bzw. steht der andere, nehmen Sie dieselbe Position ein.
- Passen Sie die Stärke Ihres Händedrucks dem des anderen an.
- Lächelt der andere, lächeln Sie auch.
- Schaut er tendenziell eher ernst, blicken Sie ebenfalls gleich von Beginn an ernst.
- Worüber spricht er? Beginnt er gleich mit dem Geschäftlichen oder hat er vielleicht sogar eine Reklamation, so ersparen Sie sich im eigenen Interesse den Umweg über »Schönes Wetter heute!«.
- Beginnt er mit Smalltalk, betreiben Sie Smalltalk mit ihm.
- Spricht er laut, sprechen Sie auch laut.
- Spricht er leise, sprechen Sie auch leise.
- Spricht Ihr Gegenüber denselben Dialekt wie Sie: Danken Sie dem Schicksal und benutzen Sie denselben Dialekt. Sollte Ihr Gegenüber jedoch einen Dialekt sprechen, dessen Sie nicht mächtig sind, dann lassen Sie auf jeden Fall die Finger davon.

Adaptieren Sie bewusst Inhalt, Körpersprache und Stimme. Die Folge: Zeigt jemand ein ähnliches Verhalten wie wir, schließen wir automatisch auf eine ähnliche Persönlichkeit. Werden Sie also zum Spiegelbild Ihres Gegenübers! Denn: Wer sozusagen sich selbst gegenübersitzt, findet »sich« ohne Zweifel auch sympathisch. Die Spiegeln-Phase, die auch als »Chamäleon-Phase« bezeichnet wird, durchlaufen wir meist unbewusst, wenn wir Kontakt zu kleinen Kindern aufnehmen: Wir passen uns inhaltlich an unseren kleinen Gesprächspartner an (kein Mensch würde auf die Idee kommen, das arme Kind mit Fremdwörtern zu überschütten) und wir passen uns auch körpersprachlich an, indem wir in die Hocke wechseln und unsere Stimme leiser und weicher klingen lassen.

Phase 3: Führen

Jetzt ist die Vorbereitungsphase abgeschlossen. Wir haben gefühlsmäßig den inneren Zustand unseres Gegenübers abgelesen, wir haben den Gesprächspartner dort abgeholt, wo er ist, jetzt können wir »zum Angriff« übergehen. Oder etwas weniger dramatisch ausgedrückt: Wir können jetzt unser eigentliches Ziel ansteuern, den anderen zu überzeugen und zu gewinnen. Haben wir es nämlich erst einmal geschafft, auf einer gemeinsamen Ebene zu kommunizieren, können wir die Zügel in die Hand nehmen und das Gespräch im wahrsten Sinne des Wortes »führen«. Das bedeutet:

- Sie geben das Tempo vor.
- Sie bestimmen, wo's inhaltlich hingeht.
- Sie bestimmen die Körpersprache.

Tipp!

Wichtig ist: Die WMWSGM-Strategie funktioniert nur dann, wenn Sie auch alle drei Phasen durchlaufen und zu Ende bringen. Sie sind eine Persönlichkeit – es würde also keinen Sinn machen, auf der Spiegeln-Phase stehenzubleiben und eine Kopie Ihres Gegenübers abzugeben.

Sie werden feststellen: Genauso, wie Sie Ihr Gegenüber in Phase zwei gespiegelt haben, wird der andere es nun ebenfalls tun. Er wird unbewusst Ihren nonverbalen Signalen, also Ihrer Körpersprache, folgen und sich dadurch auch bereitwilliger Ihren verbalen Ausführungen anschließen. Wenn Sie bemerken, dass Ihr Gegenüber nach und nach beginnt, Sie zu spiegeln, ist das der schönste Beweis dafür, dass Sie die WMWSGM-Strategie perfekt durchgeführt haben. Jetzt sind Sie am Zug.

Vergleichen Sie Ihre Gespräche künftig mit einem Spaziergang:

Einschätzen: Sie schauen sich den Menschen, der da auf Sie zukommt, genauer an. Sie machen sich ein spontanes Bild von dem Eindruck, den er auf Sie macht und überlegen, ob Sie überhaupt mit ihm spazieren gehen wollen.

Spiegeln: Sie haben sich entschieden, mit Ihrem Gegenüber einen Spaziergang unternehmen zu wollen und holen ihn erstmal da ab, wo er gerade ist. Wenn er eine Unterhaltung beginnt, lassen Sie sich darauf ein. Wenn nicht, warten Sie ab. Die beste Sprache für Sie ist immer die Sprache Ihres Gegenübers. Kisuaheli ist eine tolle Sprache – wenn Ihr Gegenüber sie allerdings nicht spricht, haben Sie ein Problem. Stellen Sie also eine gemeinsame Ebene her und sorgen Sie dafür, dass Ihr Gesprächspartner sich bei Ihnen emotional und inhaltlich einhaken kann.

Führen: Sie haben es geschafft, wenn Sie merken, dass Ihr Spaziergangspartner sich wohlfühlt und Ihnen vertraut. Jetzt können Sie in die von Ihnen gewünschte Richtung gehen, das Tempo bestimmen und auch inhaltlich den von Ihnen gewünschten Weg einschlagen. Ihr Partner wird Ihnen folgen.

Wissenswertes zum Thema Interviewtechniken

BAUMGARTNERS TRICKKISTE

Wenn Sie wissen wollen, was Ihr Gesprächspartner von Ihnen und Ihren Vorschlägen hält, kommt es auch auf die Wahl der richtigen Frage an. Die Art und Weise, wie eine Frage formuliert wird, hat nämlich eine starke Wirkung auf die Reaktion des Gesprächspartners und bestimmt nicht nur die Antwortbereitschaft, sondern auch die Ausführlichkeit der Antwort. Sie entscheidet darüber, ob Sie von Ihrem Gegenüber wirklich etwas Ehrliches, Wissenswertes und Aussagefähiges erfahren.

Stellen Sie möglichst öffnende Fragen, die nicht einfach mit Ja oder Nein beantwortet werden können. Vielleicht kennen Sie diese Frageform auch unter dem Fachbegriff »offene Fragen«. Der Vorteil bei diesen liegt darin, dass Sie automatisch eine erklärende, erzählende oder begründende Antwort erhalten und so relativ genau erfahren, was der andere denkt.

Bei offenen Fragen handelt es sich in der Regel um die sogenannten W-Fragen, die Fragen also, die mit Was, Wann, Wo, Wer, Wie, Warum, Weshalb, Worin, Womit etc. beginnen. Öffnende Fragen sind die Königsdisziplin in Gesprächen.

Dementsprechend gilt natürlich auch das Gegenteil: Seien Sie besonders sparsam im Gebrauch von geschlossenen Fragen, bei denen ein Ja oder Nein als Antwort genügt, denn meistens erfahren Sie durch solche Fragen nicht besonders viel von Ihrem Gegenüber. Geschlossene Fragen machen am meisten Sinn, wenn Sie eine konkrete Entscheidung von Ihrem Gegenüber brauchen: »Setzen wir die Idee so um – ja oder nein?«

Mit bestimmten Frageformen, wie beispielsweise einer Alternativfrage (»Gefällt Ihnen Entwurf A oder B besser?«) oder einer Suggestivfrage (»Sie sind doch auch der Meinung, dass …, oder?«) lässt sich die Antwort eines Gesprächspartners in gewisser Weise lenken. Andererseits werden die Möglichkeiten für ein ehrliches Feedback dadurch auch eingeschränkt. Seien Sie mit solchen leicht manipulativen Fragen also vorsichtig.

Die Garantie für ein besseres Verständnis ist dagegen eine Bestätigungsfrage. Indem Sie bisherige Gesprächsergebnisse zusammenfassen und sich von Ihrem Gegenüber bestätigen lassen, dass Sie beide die gleiche Sicht der Dinge haben, können Sie Missverständnisse frühzeitig aus der Welt schaffen und so eine gemeinsame Basis festigen, die die gewünschten Entscheidungen begünstigt.

E – wie Empathie und Erfolg

Niemand lässt sich für eine Idee gewinnen oder gar begeistern, wenn er sich nicht verstanden oder ernst genommen fühlt. Dem anderen wirklich zuzuhören, sich in dessen Lage zu versetzen, seine Bedürfnisse zu erkennen und seine Situation zu verstehen, ist daher eine der wichtigsten Voraussetzungen für »echte« Kommunikation.

Wir alle sind froh, wenn wir es im Privatleben, aber vor allem auch im Job, mit Menschen zu tun haben, die »auf unserer Wellenlänge« sind und die »so ticken wie wir«. Denn Beziehungen, in denen die Chemie stimmt, machen uns das Leben deutlich leichter. Hier sind hinsichtlich der Kommunikation keine Missverständnisse zu befürchten und man zieht, was Grundeinstellungen oder Ziele betrifft, meistens an einem Strang – eine Ausgangssituation, die wir uns alle wünschen. Doch was tun, wenn das nicht der Fall ist und ein Geschäftspartner auf einer ganz anderen Frequenz sendet? Die Lösung heißt: **Empathie**. Das bedeutet, sich auf Menschen emotional einzustellen und sie auf ihrem Weg ein Stück weit zu begleiten. Wer das kann, schafft eine gemeinsame Basis, die Grundvoraussetzung für erfolgreiche Gespräche oder Verhandlungen ist.

Empathie ist seit geraumer Zeit in aller Munde und wird zu den wichtigsten Soft Skills gezählt. Doch was genau bedeutet Empathie eigentlich? Geht es lediglich darum, mein Gegenüber zu verstehen, also Verständnis aufzubringen? Nicht nur. Vielmehr ist Empathie die Fähigkeit, sich in die Gedanken, Gefühle und das Weltbild anderer Menschen hineinzuversetzen. Schließlich stammt der Begriff Empathie vom griechischen Wort »empatheia«, was zu deutsch »Einfühlung« bedeutet, und impliziert daher, die Gedanken und Gefühle unseres Gesprächspartners zum einen zu erkennen und zum anderen aus seiner Perspektive zu interpretieren. Und genau hier liegt der wirklich entscheidende Punkt: Es geht nicht darum, die Gedanken, Aussagen und Emotionen des anderen aus der eigenen oder aber einer pseudo-rationalen bzw. pseudoobjektiven Sichtweise zu betrachten. Das Ziel eines ehrlichen empathischen Verhaltens ist der Versuch zu verstehen, was den anderen aus seinem Weltbild und seinem Erfahrungshorizont heraus zu bestimmten Meinungen bewegt.

Fälschlicherweise wird Empathie oft mit Mitgefühl, Trost und Unterstützung bei Trauer oder Sorgen gleichgesetzt. Dabei geht es bei Weitem nicht nur um Verständnis im Hinblick auf bestimmte Probleme und Nöte eines Gesprächspartners. Es geht vielmehr darum, den anderen Menschen und dessen Beweggründe im Alltag zu verstehen, also zum Beispiel auch seine individuellen Eitelkeiten, persönlichen Steckenpferde oder Ängste zu berücksichtigen.

Warum Empathie bzw. Einfühlungsvermögen als eine der wichtigsten Fähigkeiten in Sachen emotionale Intelligenz gilt, liegt auf der Hand: Wer gegenüber den Wünschen,

Sorgen und Gefühlen anderer Menschen taub ist, wird allgemein als sozial inkompetent wahrgenommen. Wer dagegen gut zuhören kann, seinen Gesprächspartner respektiert und auf diesen eingeht, wirkt sympathisch und – gerade im Berufsalltag – auch kompetent. Bleibt also die Frage: »Wie funktioniert Empathie?« bzw. »Wie wirke ich empathisch?«

Wer sein Einfühlungsvermögen verbessern möchte, sollte vor allem drei Eigenschaften trainieren und optimieren: Erstens die Fähigkeit, Menschen zuzuhören und deren Motive und Beweggründe zu erfahren. Zweitens die Sinneswahrnehmung bezüglich der Körpersprache des anderen zu schärfen. Und drittens das Vermeiden von Wahrnehmungs- und Beurteilungsfehlern, wenn es darum geht, sich in andere einzufühlen. Eine Aufgabenliste, die auf den ersten Blick gar nicht so schwierig erscheint, in der praktischen Anwendung aber gar nicht so einfach umzusetzen ist. Tatsächlich erfordert empathisches Können jedoch nicht nur ein gewisses Talent, sondern vor allem Erfahrung und Übung, die sich nur aus konkreten Gesprächssituationen gewinnen lässt. Dabei gilt es im Hinblick auf eine empathische Gesprächsführung, einige entscheidende Faktoren zu beachten:

Regel 1: Aktiv zuhören!

Die wichtigste Regel, um sich wirklich in den Gesprächspartner einfühlen zu können lautet: Hören Sie aktiv zu! Wie intensiv bzw. interaktiv Sie diesen Prozess gestalten, hängt ganz von Ihnen und natürlich von der jeweiligen Situation ab. Zur Auswahl stehen drei »Intensitätsstufen« des Zuhörens:

- Beim **aufnehmenden Zuhören** sind Sie wirklich »reiner« Zuhörer und schweigen. Das heißt, Sie hören aufmerksam zu, äußern jedoch keine eigenen Gedanken, die Ihnen an der einen oder anderen Stelle der Erzählung durch den Kopf gehen. Ihr Interesse signalisieren Sie deshalb ausschließlich nonverbal durch körpersprachliche Signale wie leichtes Kopfnicken, aktiven Blickkontakt und eine leicht vorgebeugte Haltung.

- Beim **umschreibenden Zuhören** bringen Sie sich ein wenig mehr ein und geben das Gehörte mit eigenen Worten wieder. Dadurch fördern Sie nicht nur das Gespräch bzw. die Ausführungen Ihres Gesprächspartners, sondern signalisieren auch, dass Sie aufmerksam zuhören und das Gehörte verstehen.

  Was Sie jedoch unbedingt vermeiden sollten: das Zusammengefasste mit eigenen Standpunkten, Bewertungen, möglichen Fragen oder Ratschlägen zu vermischen. Schließlich geht es nicht darum, vermeintliche Schwachpunkte in der Argumentation Ihres Gesprächspartners zu thematisieren, sondern diesem Ihr Interesse und Ihr Verständnis entgegenzubringen. Auf diese Weise kann man zudem potenziellen Missverständnissen vorbeugen.

- Beim **aktiven Zuhören** steigern Sie Ihre Teilnahme noch mal um eine emotionale Komponente. Sie geben also nicht nur die sachlichen Informationen des Gehörten wieder, sondern gehen zusätzlich darauf ein, wie sich Ihr Gesprächspartner hinsichtlich der entsprechenden Sachinformationen fühlt oder gefühlt hat. Die Herausforderung dabei: Sie müssen nicht nur auf das achten, was der andere sagt, sondern auch darauf, *wie* er es sagt und *wie* er sich dabei verhält. Auch hier gilt es, sich voll und ganz auf den Gesprächspartner zu konzentrieren und eigene Wünsche, Meinungen oder Ziele außen vor zu lassen. Stattdessen versuchen Sie, die Welt ausschließlich durch die Augen des Gesprächspartners zu sehen, um weniger das Gesagte, als vielmehr das Gemeinte herauszuhören.

Regel 2: Volle Konzentration auf Ihren Gesprächspartner

Wirklich zuzuhören ist logischerweise das A und O eines empathischen Verhaltens. Doch nicht nur Ihre Ohren – auch der Rest Ihres Körpers sollte sich in Empathie üben und von voller Aufmerksamkeit zeugen. Ihr

Tipp: Damit das Zuhören Spaß macht – Kino im Kopf!

Natürlich sind wir nicht immer in der gleichen entspannten und aufnahmefähigen Stimmung, wenn es darum geht, einem Gesprächspartner aufmerksam und aktiv zuzuhören. Was tun, wenn ein kompetenter Zuhörer gefragt ist, wir uns aber nicht hundertprozentig konzentrieren und auf das Gesagte einlassen können – oder vielleicht auch nicht wollen, aber müssen? Die Lösung: Wir nutzen unser Kopfkino. Alles, was uns unser Gegenüber erzählt, stellen wir uns in Bildern vor und lassen auf diese Weise alle Informationen wie eine Dia-Show vor unserem inneren Auge ablaufen. Was Sie davon haben? Vor allem, wenn Ihnen etwas erzählt wird, was Sie vielleicht nicht brennend interessiert, schaffen Sie sich so einen Ansporn zum Zuhören, denn immerhin brauchen Sie ja weitere Informationen, um Ihren »Film« weiterdrehen zu können. Auch hilft Ihnen die Konzentration auf das nächste Bild, sich auf Ihren Gesprächspartner zu fokussieren und Blickkontakt zu halten. Ist Ihr Film schließlich fertig, werden Sie keine Probleme haben, das Gehörte wiederzugeben – selbst wenn die Inhalte Sie nicht sonderlich interessiert haben. Denn wir können uns Bilder – und somit auch Bildserien – viel leichter merken als komplexe Informationszusammenhänge. Mithilfe unseres »Kopf-Films« können wir alles, was uns jemand erzählt oder mitteilt, also leichter aufnehmen, abspeichern und wiedergeben.

Gesprächspartner merkt, dass Sie sich voll und ganz auf ihn konzentrieren, wenn Sie dies auch durch Körperhaltung, Gestik und Mimik deutlich zu erkennen geben. Eine »aufmerksame« Körpersprache erkennt man an folgenden Aspekten:

- Haltung: Nehmen Sie – vor allem beim Sitzen – immer eine dem Gesprächspartner zugewandte Körperhaltung ein, bei der Sie den Oberkörper leicht nach vorn beugen.

- Gestik: Durch nach oben zeigende Handinnenflächen – beispielsweise, wenn Ihre Hände auf dem Tisch liegen – signalisieren Sie Ihrem Gegenüber, dass Sie offen und aufnahmebereit sind.

- Mimik: Ein paar einfache mimische Signale genügen, um dem anderen Interesse und Verständnis zu vermitteln. Dazu gehören ein freundlicher offener Blick und ein leichtes Lächeln, während Sie Blickkontakt halten und ab und an mit dem Kopf nicken.

Vermeiden Sie es außerdem, dem anderen das Gefühl zu geben, dass Sie nur nebenbei zuhören. Das heißt: Keine Nebenbeschäftigungen wie Unterlagen durchblättern oder E-Mails checken – alles dreht sich in diesem Moment um Ihren Gesprächspartner und um nichts anderes. Denn sonst fällt es dem Gesprächspartner verständlicherweise schwer zu glauben, dass er im Mittelpunkt der Aufmerksamkeit steht.

Zusätzlich zu diesen nonverbalen Signalen setzt der perfekte Zuhörer auch verbale Akzente, damit sich der andere verstanden fühlt. Neben den sogenannten »therapeutischen Urlauten« wie »Mhm«, »Ja« oder »Ok« gehört dazu auch, den Gesprächspartner zum Weiterreden zu motivieren. Sowohl durch das echohafte Wiederholen der letzten Worte als auch durch gelegentliches Nachfragen signalisieren Sie ehrliches Interesse am anderen. Sofern das Ganze nicht zu einem Verhör ausartet, geben Sie dem anderen damit auch die Möglichkeit, Dinge loszuwerden, die er vielleicht von sich aus nicht erzählen würde.

Regel 3: Nehmen Sie sich Zeit!

Nichts ist kontraproduktiver für eine gute Unterhaltung, bei dem beide Seiten sich verstanden fühlen sollen, als Hektik und Zeitmangel. Ist Ihr Zeitfenster für ein wichtiges Gespräch also eher klein, dann verschieben Sie es lieber auf einen anderen Zeitpunkt. Sorgen Sie für einen entspannten Rahmen. Dazu gehört auch, Unterbrechungen jeglicher Art zu vermeiden – sowohl von außen als auch von Ihrer Seite. Vor allem zu Beginn eines Gesprächs sollten Sie Ihrem Gegenüber die Möglichkeit einräumen, das Tempo zu bestimmen – selbst wenn es lange dauert. Schließlich lässt sich niemand gerne hetzen, wenn er etwas mitteilen möchte. Ein weiterer Vorteil: Je mehr Sie am Anfang auf Ihr Gegenüber und dessen Bedürfnisse eingehen, umso stärker können Sie später das Gespräch Ihren Zielen entsprechend strukturieren.

Regel 4: Eine gemeinsame Basis finden

Last but not least: Schaffen Sie eine gemeinsame Basis, indem Sie Ihrem Gesprächspartner emotionale Übereinstimmung signalisieren. Das heißt: Machen Sie Ihrem Gesprächspartner seine Gefühle bewusst, so wie Sie sie erleben. Sprechen Sie an, wie Sie seine emotionale Lage empfinden. Selbst in emotionsgeladenen Auseinandersetzungen kann man auf eine gemeinsame Ebene zurückfinden, wenn dem Beteiligten auf diese Weise Verständnis entgegengebracht wird und man Einfühlungsvermögen für seine momentane Gefühlslage erkennen lässt.

Werden Sie zum Empathiker!

Doch worin besteht nun genau der Gewinn, den wir aus empathischem Verhalten ziehen? Autopionier Henry Ford erklärte in diesem Zusammenhang: »Wenn es ein Geheimnis des Erfolgs gibt, so ist es das, den Standpunkt des anderen zu verstehen und die Dinge mit seinen Augen zu sehen.« Nichts anderes will die Empathie. Folgende Vorteile ergeben sich daher:

- **»Praktizierte« Empathie** hilft Ihnen dabei, mit Ihren eigenen Emotionen und denen Ihrer Mitmenschen so umzugehen, dass diese für Sie und nicht gegen Sie arbeiten. Das heißt, Sie werden von Ihrer Umwelt nicht nur als sympathisch, sondern auch als sozial kompetent wahrgenommen, weil Sie in der Lage sind, sich auf einen anderen Menschen und dessen Sorgen, Ängste und Nöte einzulassen.

- **Einfühlungsvermögen** ermöglicht es Ihnen, anderen effektiv und effizient zu helfen, indem Sie aus der Perspektive der Betroffenen heraus nach möglichen Lösungen suchen, Trost spenden und Situationen richtig verstehen und zutreffend interpretieren können.

- Sie können die **Effektivität und Effizienz** Ihrer gesamten Kommunikation durch Empathie steigern. Durch das Einnehmen der Perspektive des anderen kommunizieren und argumentieren Sie erfolgreicher, indem Sie zum Beispiel Ihrem Gegenüber diejenigen Argumente präsentieren, für die er aufgrund seiner Perspektive, seines Standpunkts und seines Weltbilds empfänglich ist.

- Wichtig ist auch der **präventive Effekt** eines empathischen Verhaltens. Ein gutes Einfühlungsvermögen hilft, Konflikte und Missverständnisse zu vermeiden bzw. der Eskalation vorhandener Konflikte entgegenzusteuern. Denn wer sich in die Lage, Gedanken und Gefühle des anderen hineinversetzt, kann bereits in einem frühen Stadium mögliche Probleme und ihre Ursachen erkennen. Auch die Suche nach Lösungen gestaltet sich umso leichter, je mehr man sich bemüht, ein Problem aus der Perspektive des anderen zu betrachten.

- Auch die **Kritikkompetenz** steht in einem engen Zusammenhang mit Empathie. Denn gerade, wenn es um Feedback und Kritik geht, sollte es das Ziel sein, seinem Gegenüber konstruktive Rückmeldung über sein Handeln und seine Ergebnisse zu liefern, ohne diese Person dabei vor den Kopf zu stoßen. Beste Voraussetzung dafür ist, auch die Situation, die Sichtweise, den Erfahrungshintergrund und die Fähigkeiten des Betroffenen zu berücksichtigen und in das Feedback einzubeziehen.

- Ebenso verträgt der Bereich **Motivation** eine ordentliche Portion Einfühlungsvermögen. Kein Wunder: Werden die Präferenzen und Wünsche, aber auch die Probleme und Sorgen der Betroffenen verstanden und vor allem berücksichtigt, können Aufgabenverteilung und Förderung deutlich individueller und dadurch effizienter gestaltet werden.

Und die Folge von alldem? Persönlicher Erfolg ist kein Alleingang – und wenn, dann nur ein sehr kurzer. Wer also langfristig auf dem Erfolgsweg spazieren gehen will, braucht Menschen, die ihn und seine Projekte unterstützen. Wer erfolgreich sein will, muss andere für die eigenen Ideen begeistern und gewinnen können. Eine Herausforderung, die umso leichter zu bewältigen ist, je effizienter wir mit anderen kommunizieren und je größer die gemeinsame emotionale Basis ist, auf der wir ihnen begegnen. Die Konsequenz dieser Erkenntnis: Werden Sie zum Empathiker!

Be charming – Bekommen Sie ein Ja als Antwort

Jeder von uns ist charmant! Charme ist eine Grundtugend, die in der Natur des Menschen liegt. Leider vergessen wir unseren Charme oft, weil wir uns auf viele andere Schauplätze konzentrieren. Charme ist ein toller Eisbrecher in der zwischenmenschlichen Kommunikation. Eine zunächst steife Situation entwickelt sich in Gegenwart charmanter Menschen schnell in eine angenehme Atmosphäre. Was aber lässt Menschen charmant wirken? Die Liste ist lang und wäre beliebig weiterführbar.

Charmant sind Sie, wenn ...

- Ihr Gegenüber bei einem Augenkontakt ein warmes und ehrliches Lächeln zurückbekommt.

- Sie von Grund auf eine freundliche Ausstrahlung haben.

- Sie flirten und ehrliche Komplimente machen.
- Höflichkeit kein Fremdwort für Sie ist.
- Sie über eigene Fehler oder Unzulänglichkeit lachen können.
- Sie sich um den anderen bemühen und ihn nicht verändern wollen.
- Sie Ihrem Gegenüber Wohlwollen, Sympathie und Respekt entgegenbringen.
- Sie sich im Gespräch ganz auf Ihr Gegenüber konzentrieren und ihm signalisieren, dass er im Mittelpunkt Ihres Interesses steht.

Wahrer Charme kommt von innen

Die reinste Form des Charmes kommt aus der Tiefe Ihrer Seele. Sie wirken am charmantesten, wenn Sie sich selbst mögen und emotional unabhängig sind. Denn wenn Sie mit sich und Ihrer Lebenssituation im Einklang sind, strahlen Sie dies aus. Probieren Sie es einfach mal! Entschließen Sie sich an einem Ihrer besten Tage zu strahlen, was das Zeug hält und beobachten Sie die Reaktionen Ihrer Mitmenschen. Sie werden überrascht sein!

Was ist Charme?

Gibt es eine Definition, an der wir uns orientieren können? Am einfachsten kann man Charme wohl mit »Sympathie erwecken« gleichsetzen.

Sympathie ist das Schlüsselwort und die Eintrittskarte, wenn es darum geht, andere Menschen zu begeistern. Denn nur, wenn wir als sympathisch empfunden werden, haben wir überhaupt die Möglichkeit, andere zu überzeugen. Doch was ist Sympathie eigentlich? Was macht einen Menschen sympathisch? Fangen wir wieder mit einer klassischen Begriffsdefinition an, um diesem Phänomen auf den Grund zu gehen, das so selbstverständlich unser alltägliches Leben mitbestimmt und oft von größerer Bedeutung ist, als wir denken:

Der Begriff Sympathie – aus dem Griechischen stammend – bezeichnet wortwörtlich übersetzt ein Gefühl des »Mit-Empfindens« bzw. »Mit-Leidens«. Wenn Sie sich an dieser Stelle verwundert die Augen reiben, sind Sie nicht allein, denn die wenigsten Menschen denken bei Sympathie an etwas Ähnliches wie Mitgefühl oder Mitleid. Stattdessen geht es doch vielmehr darum, jemanden nett zu finden oder zu mögen. Was also hat es mit dieser »Übersetzung« auf sich? Wo liegt der Zusammenhang zwischen Mit-Empfinden und Sympathie?

Eine Antwort liefert die Definition aus dem Lexikon: »Sympathie ist die aus gefühlsmäßiger Übereinstimmung kommende Zuneigung zu einem anderen Menschen.« Das heißt, wir finden jene Menschen sympathisch, mit denen wir auf einer Wellenlänge sind und die uns das Gefühl vermitteln, sie seien uns ähnlich. Ebenso verhält es sich beim Humor, in Bezug auf den Charakter oder im Hinblick auf bestimmte Meinungen und Einstellungen. Der Grund: Wenn wir das Gefühl haben, dass jemand in unserem Team spielt, fühlen wir uns sofort besser verstanden und bringen unserem Gegenüber – auch wenn dieser Mensch uns noch fremd ist – automatisch mehr Vertrauen entgegen.

Diesen Mechanismus erleben wir alle tagtäglich. Stellen Sie sich nur vor, Sie kommen zu einem ersten Treffen mit einem neuen potenziellen Geschäftspartner eine Viertelstunde zu spät, entschuldigen sich aber ausdrücklich und erklären, dass Sie im Stau standen. Reagiert Ihr Gegenüber ganz locker und freundlich und versichert Ihnen, dass Sie sich keine Gedanken machen müssen bzw. erklärt vielleicht sogar noch, dass er ebenfalls auf dem Weg zum Treffpunkt in einen Stau geraten ist, passiert Folgendes: Durch diese kleine Gemeinsamkeit wird bereits eine Verbindung geschaffen und Sie begegnen sich von vornherein auf einer Ebene. Das Besondere bzw. der Vorteil einer solchen Übereinstimmung liegt darin, dass man sofort einen Draht zueinander hat, leichter ins Gespräch kommt und dann auf diesem ersten »Sympathie-Level« eine tiefer gehende Kommunikation aufbauen kann. Signalisiert der andere uns jedoch stattdessen von Anfang an, dass er unser Zuspätkommen völlig inakzeptabel findet, und begegnet uns dabei entsprechend unfreundlich, wird das ganze Gespräch von vornherein unter keinem guten Stern stehen. Keine ideale Basis, um jemanden für sich zu gewinnen.

Fazit: Wir mögen Menschen, die ähnlich sind wie wir. Ergo werden wir von anderen umso sympathischer empfunden, je mehr wir auf deren Wellenlänge liegen.

Die Kunst der Synchronisation

Umso erfreulicher ist es also, wenn wir in unserem Leben auf möglichst viele »Gleichgesinnte« treffen – Menschen, bei denen sofort der Funke überspringt. Doch im Alltag ist das nicht unbedingt der Regelfall. Was Bekannte, Freunde oder Lebenspartner betrifft, können wir uns »unser Team« frei zusammenstellen. Anders im Job: Hier können wir uns Kollegen, Geschäftspartner, Kunden etc. meistens nicht aussuchen. Es kann also sein, dass wir geschäftlich auf Menschen treffen, die ganz anders ticken als wir, die vielleicht einen völlig anderen Humor haben oder eine ganz andere Arbeitsweise. Aber sind uns solche Personen deshalb automatisch unsympathisch? Natürlich nicht! Auch jemand, den wir im Vergleich zu uns als »andersartig« empfinden, kann sympathisch auf uns wirken – beispielsweise aufgrund seiner freundlichen und herzlichen Ausstrahlung. Einer fremden Person, die wir nicht unbedingt als ähnlich empfinden, stehen wir daher normalerweise zunächst eher neutral gegenüber.

Eines steht jedoch fest: Je sympathischer wir spontan auf unser Gegenüber wirken, je mehr wir den anderen, seine Persönlichkeit, seinen Charakter »spiegeln«, desto leichter können wir ihn begeistern und für etwas gewinnen. Treffen wir also auf Menschen, bei denen diese Idealkonstellation nicht automatisch gegeben ist, gilt es vor allem eines zu tun: synchronisieren. Was bedeutet das?

Wir müssen uns auf den anderen einstellen, also so lange am Regler drehen, bis wir seine Frequenz möglichst genau geortet haben, und dann die Signale, die wir aussenden, daran anpassen. Wir müssen Gemeinsamkeiten schaffen, auch da, wo möglicherweise zunächst keine sind – und zwar auf möglichst vielen Ebenen des menschlichen (Unter-)Bewusstseins.

Aber wie genau stellen wir das an? Wie funktioniert die Kunst des Synchronisierens? Einige entscheidende Aspekte dieses Prozesses haben wir bereits kennengelernt. Erinnern Sie sich? Einen guten ersten Eindruck machen, den anderen einschätzen, eine emotionale Kommunikationsebene finden und sich in das Gegenüber hineinversetzen – alle diese ersten Etappen der Kontaktaufnahme haben eines gemeinsam: Bei jedem dieser Schritte geht es darum, möglichst viel über Ihr Gegenüber zu erfahren, den anderen auszuloten und so herauszufinden, mit welcher Art Persönlichkeit Sie es zu tun haben. Sobald Sie wissen, wie jemand tickt, können Sie versuchen, im gleichen Takt zu ticken – sprich, mit dem anderen synchron zu laufen.

Werden Sie emotional!

Finden Sie jemanden sympathisch, der Sie sofort in ein Raster steckt, Sie oberflächlich einordnet und sich nicht weiter für Ihre persönlichen Eigenheiten interessiert? Natürlich nicht! Sie können nur dann eine Beziehung zu jemandem herstellen und diesen Menschen für sich gewinnen, wenn Sie ihn als individuelle Persönlichkeit sehen und entsprechend behandeln.

Stellen Sie sich einmal folgende Situation vor: Sie suchen einen neuen fahrbaren Untersatz, besuchen ein Autohaus und wollen sich beraten lassen. Dort angekommen, werden Sie gebeten, eine Nummer zu ziehen und einen Fragebogen auszufüllen, der Aufschluss darüber geben soll, welches Auto Sie möchten. Anschließend zeigt Ihnen einer der Verkäufer das für Sie ermittelte Modell und legt Ihnen einen Kaufvertrag vor. Würden Sie ihn unterschreiben? Wohl kaum! Der Grund: Sie fühlen sich als Person mit Ihren individuellen Wünschen und Bedürfnissen nicht ernst genommen, sondern haben das Gefühl, wie jeder x-Beliebige oder sogar wie eine Nummer behandelt zu werden.

Tatsächlich handeln wir im Umgang mit anderen im alltäglichen Leben nicht selten nach Schema F – mit entsprechenden Folgen. Um diesen Fehler zu vermeiden, sollten wir – wie bereits ausführlich erklärt – die reine Sachebene verlassen und das Augenmerk vor allem auf die Beziehungsebene legen, die letzten Endes über den »Erfolg« eines Zusammentreffens entscheidet. Anders ausgedrückt: Werden Sie **emotional!** Genauso, wie Ihr Gegenüber auf eine offene Körpersprache reagiert und gleichfalls auf nonverbaler Ebene lockerer wird, wirkt sich auch eine emotional offene Haltung Ihrerseits aus. Kommen Sie dem anderen entgegen und geben Sie Ihre eigene Gefühlswelt ein Stück weit preis. Sie werden feststellen, dass Ihr Gegenüber ebenfalls einen Schritt auf Sie zugehen und sich öffnen wird. Auf diese Weise nähern Sie sich nach und nach an und verstärken das Gefühl der Synchronität zwischen sich und Ihrem Gegenüber.

Hören Sie genau hin!

Wie wichtig richtiges und bewusstes Zuhören ist, haben wir bereits festgestellt. Nur indem wir uns wirklich auf jemanden konzentrieren und uns mit dessen Persönlichkeit auseinandersetzen, nur indem wir ehrliches Interesse an unserem Gegenüber zeigen, können wir einen Menschen besser kennenlernen und uns somit auf ihn einstellen. Ein Effekt, der es uns gleichzeitig leichter macht, den anderen zu spiegeln.

Durch aktives Zuhören und gezieltes Nachfragen schlagen wir zwei Fliegen mit einer Klappe. Zum einen entdecken wir auf diesem Weg eventuell Gemeinsamkeiten, bei denen wir anknüpfen können und durch die wir einen Draht zu unserem Gegenüber finden. Zum anderen signalisieren wir damit Interesse an seiner Person. Die Folge: Zeigt ein Mensch ehrliches Interesse an uns, fühlen wir uns diesem automatisch näher verbunden. Dadurch steigt auch das Maß an Sympathie, das wir ihm entgegenbringen.

Mithilfe bestimmter Fragetypen, zum Beispiel Suggestivfragen, können wir außerdem eine gemeinsame Haltung voraussetzen und so einen gemeinsamen Nenner schaffen. Sind Sie sich beispielsweise ziemlich sicher, den Geschmack Ihres Gegenübers richtig einschätzen zu können, werden Sie mit der Frage »Ihnen gefällt dieser Entwurf sicherlich auch besser?« die gemeinsame Position weiter festigen. Lesen Sie hierzu auch noch einmal den Kasten auf Seite 36.

Wie ich dir, so du mir!

Nun haben Sie also das nötige Handwerkszeug, um Ihren eigenen Sympathiegrad zu beeinflussen und um zu bewirken, dass andere Sie mögen. Eine bestimmte Voraussetzung muss dafür jedoch zusätzlich erfüllt sein – sonst können Sie sich noch so anstrengen, ohne dass der Funke überspringt. Haben Sie eine Idee, welche das sein könnte?

Genau – Ihre innere Einstellung muss passen. Es ist logisch: Wir können nur dann Sympathie erzeugen, wenn wir auch selbst Sympathie für unser Gegenüber empfinden. Oder sind Sie motiviert, Interesse für einen anderen Menschen aufzubringen, sich auf ihn einzustellen und sich um ihn zu bemühen, wenn er Ihnen unsympathisch ist? Wahrscheinlich nicht!

Als Allererstes müssen Sie es also schaffen, den anderen sympathisch zu finden – und sei es auch nur für die Dauer des Gesprächs bzw. Zusammentreffens. Eine Aufgabe, die in der Regel nicht sehr schwer fällt – jeder Mensch, dem Sie begegnen, hat wahrscheinlich etwas an sich, das Ihnen sympathisch ist. Je genauer Sie hinsehen und je bewusster Sie sich mit dem anderen auseinandersetzen, desto leichter finden sich solche Sympathiepunkte; und je mehr solcher liebenswerten Eigenschaften Sie entdecken, desto gewillter sind Sie, den anderen besser kennenzulernen. Ein positiver Mechanismus, der lediglich ein wenig anfängliche Motivation erfordert, sofern die Chemie nicht gleich auf Anhieb stimmt. Bestes Beispiel dafür sind all jene Paare, die betonen, dass sie sich beim ersten Kennenlernen eigentlich überhaupt nicht leiden konnten, sich dann aber doch auf den zweiten oder dritten Blick verliebt haben – mit Erfolg.

Sollten Sie trotz allem nicht viel entdecken, was Ihnen an Ihrem neuen Gegenüber sympathisch ist, dann versuchen Sie, zumindest eine positive Eigenschaft zu finden. Auch wenn Sie nicht auf einer Wellenlänge mit jemandem liegen, gibt es bestimmt irgendetwas, das Sie am anderen bewundern können. Die Hauptsache ist, dass Sie es schaffen, unbekannten Personen mit einer positiven Einstellung zu begegnen und objektiv auf sie zuzugehen.

Be charming – leicht gemacht

BAUMGARTNERS TRICKKISTE

Natürlich ist es eine absolut unbewusste Entscheidung, ob wir einen Menschen, auf den wir treffen, sympathisch oder unsympathisch finden. Trotzdem können wir unsere innere Einstellung beeinflussen und unsere Bereitschaft, andere sympathisch zu finden, mit folgenden Tricks fördern:

- Verlassen Sie sich nicht nur auf Ihre ersten oder oberflächlichen Eindrücke.
- Treten Sie einer fremden Person nicht mit Vorurteilen entgegen. Fragen Sie sich immer wieder selbst, ob Sie vielleicht mit Vorurteilen belastet sind und werfen Sie diese über Bord.
- Zeigen Sie sich tolerant gegenüber den Meinungen und Ansichten anderer, auch wenn sie sich von Ihren eigenen unterscheiden.
- Vermeiden Sie unwiderrufliche Pauschalurteile und halten Sie sich die Möglichkeit offen, eine eventuell vorgefasste Meinung zu revidieren.
- Schotten Sie sich nicht von vornherein emotional gegenüber einer fremden Person ab.
- Verhalten Sie sich nicht kategorisch nach ein und demselben Muster, wenn Sie auf Menschen treffen. Bleiben Sie offen und flexibel im Umgang mit anderen.
- Versuchen Sie immer, Dinge auch aus der Perspektive Ihres Gegenübers zu bedenken und sich in seine Situation hineinzuversetzen.

Small Talk

Schlagfertig

Schweigen ist Silber,
Reden ist Gold

VEREDELN SIE IHRE KOMMUNIKATION!

Kommunikation ist nicht gleich Kommunikation. Wenn wir jemanden wirklich erreichen wollen, ist ein reiner Austausch verbaler Informationen nicht genug. Zu einem erfolgreichen Gespräch, mit dem wir andere für uns gewinnen, gehört noch viel mehr.

Ohne Kommunikation können wir einpacken

Gehen Sie in eine Bäckerei und beschließen Sie, nicht zu kommunizieren. Weder nonverbal durch Deuten, noch verbal durch Artikulation Ihrer Wünsche. Kommunizieren Sie einfach nicht. Sehr schnell werden Sie die Erfahrung machen: Ohne Kommunikation läuft es nicht. Die Verkäuferin wird Sie wahrscheinlich, wenn überhaupt, nur irritiert anschauen, sich dann aber wieder den anderen Kunden zuwenden. An Ihre Sonntagsbrötchen kommen Sie auf diese Weise sicher nicht.

Wer sich auf die Suche nach Informationen über die Geschichte der Kommunikation begibt, wird dabei eine interessante Feststellung machen: Man findet historische Abrisse, Zeittafeln und vieles mehr zum Thema Kommunikation. Allerdings nur über Kommunikation im Sinne von Informations- und Nachrichtenübermittlung, wenn also zum Zweck der Verständigung eine gewisse Distanz überwunden werden muss. Wie aber sieht es aus mit der Geschichte der Kommunikation im Allgemeinen? Warum gibt es hierzu keine historischen Daten und Fakten?

Ganz einfach: Weil Kommunikation in genau dem Moment »erfunden« wurde, als auch das erste Lebewesen das Licht der Welt erblickte. Jedes Geschöpf der Erde – streng wissenschaftlich genommen selbst eine Pflanze – kann gar nicht anders, als sich mit seiner Umwelt auseinanderzusetzen, also zu kommunizieren. Dieser Austausch kann dabei ganz unterschiedliche Formen annehmen und findet keineswegs nur in verbaler Weise statt. Fest steht jedenfalls, dass wir »nicht nicht kommunizieren« können, wie der Psychologe und Sprachwissenschaftler Paul Watzlawick Anfang der 1970er Jahre so treffend formulierte.

Kommunikation als elementarer Aspekt des Lebens und unseres Menschseins ist daher auch der Schlüssel zu jeglichem Miteinander. Treffen zwei Menschen aufeinander, kommunizieren sie – auf welcher Ebene auch immer und ob sie wollen oder nicht. Umso erstaunlicher ist, dass wir über diese »menschliche Grundfunktion«, die ebenso wenig aus unserem alltäglichen Leben wegzudenken ist wie das Atmen, Essen oder Schlafen, teilweise recht wenig wissen und uns in ihrer praktischen Anwendung oftmals schwertun. Und das, obwohl unsere Kommunikationsfähigkeit die wichtigste Voraussetzung dafür ist, andere Menschen von unseren Ideen, Projekten oder Plänen zu überzeugen. Schließlich muss der andere uns erst einmal verstehen, die Botschaft muss wirklich bei ihm ankommen, damit wir ihn gewinnen können. Drücken wir uns stattdessen unklar aus oder erzeugen wir Missverständnisse, können wir unsere Botschaft nicht vermitteln, und noch weniger die emotionalen Informationen weitergeben, die für einen echten Überzeugungserfolg unerlässlich sind.

Kommunikation: Ein Vorgang mit vielen Facetten

Es lohnt sich also, sich mit dem Phänomen Kommunikation – so selbstverständlich es uns auch erscheinen mag – einmal ganz bewusst auseinanderzusetzen, sowohl theoretisch als auch praktisch. Fangen wir mit einer klassischen Definition an:

»Kommunikation definiert auf der menschlichen Alltagsebene ein gemeinschaftliches Handeln, in dem Gedanken, Ideen, Wissen, Erkenntnisse, Erlebnisse (mit-)geteilt werden und auch neu entstehen. Kommunikation in diesem Sinne basiert auf der Verwendung von Zeichen in Sprache, Gestik, Mimik, Schrift, Bild oder Musik. Kommunikation ist die Aufnahme, der Austausch und die Übermittlung von Informationen zwischen zwei oder mehreren Personen. Unter Kommunikation wird auch das wechselseitige Übermitteln von Daten oder von Signalen verstanden, die für den Beobachter der Kommunikation eine festgelegte Bedeutung haben. Die Signale gelten dann als Auslöser für bestimmte Reaktionen. Bei der Beschreibung sozialer Zusammenhänge kann Kommunikation als ein Prozess angesehen werden, in dem Menschen gemeinsam Probleme lösen. Als Grundlage für die Möglichkeit kommunikativer Problemlösung wird eine Geschichte gemeinsamer Lebenspraxis angesehen. In gemeinsamer Lebenspraxis entsteht beispielsweise die Sprache.«

Das klingt logisch und wahrscheinlich so, wie fast jeder von uns erklären würde, *was* Kommunikation eigentlich ist. Aber mal ehrlich, könnten Sie auf Anhieb sagen, *wie* Kommunikation funktioniert, also was da eigentlich passiert, wenn wir uns austauschen? Gerade weil wir Kommunikation als etwas so Selbstverständliches ansehen und selten wirklich bewusst kommunizieren, weiß kaum jemand, was dabei wirklich vonstatten geht. Eine Frage, mit der sich auch eine Vielzahl von Kommunikationsmodellen beschäftigt.

Die bekannteste Variante ist wohl das sogenannte Sender-Empfänger-Modell, das den Grundvorgang der zwischenmenschlichen Kommunikation in stark vereinfachter Weise beschreibt. Auf der einen Seite gibt es einen Sender, der etwas mitteilen möchte und sein Anliegen daher in erkennbare Zeichen verschlüsselt – eine Nachricht. Auf der anderen Seite obliegt es nun dem Empfänger, diese Botschaft zu entschlüsseln. In der Regel stimmen gesendete und empfangene Nachricht insoweit überein, dass eine Verständigung stattgefunden hat.

Das hört sich wirklich denkbar einfach an, aber wir alle wissen, dass die Realität meist anders aussieht und nicht selten Verständigungsprobleme und Missverständnisse eine optimale Kommunikation verhindern. Der Grund: Kommunikation ist eine der wichtigsten und zugleich komplexesten Fähigkeiten des Menschen und besteht eben nicht allein in der Weitergabe von sachbezogenen Informationen. Im Gegenteil: Über 90 Prozent unserer zwischenmenschlichen Kommunikation laufen über den visuellen oder akustischen Kanal in Form von Gesten, Körperhaltung, Mimik, Stimme, Betonung oder Sprachmelodie ab – entscheidende Faktoren, auf die wir später noch näher eingehen werden. Aber auch das Gesagte, also die verbale Äußerung selbst, hat noch mehr zu bieten als reine Informationsvermittlung.

Eine Nachricht – vier Botschaften

Nach Ansicht des Kommunikationswissenschaftlers Friedemann Schulz von Thun enthält jede Nachricht vier Botschaften. Neben der Sach- und Beziehungsebene, die wir bereits kennengelernt haben, steckt in jeder Aussage immer auch eine »Selbstoffenbarung« und ein »Appell«. Auch hiervon war schon kurz die Rede. Entscheidend ist, dass diese vier Seiten des menschlichen Kommunikationsquadrats nicht nur den Sender, sondern natürlich auch den Empfänger betreffen, der sozusagen mit »vier Ohren« hinhören kann. Dies bietet viel Spielraum für Missverständnisse, denn wenn der Empfänger einen der vier Aspekte einer Nachricht ins »falsche Ohr« bekommt, erschwert das die Verständigung. Aber schauen wir uns die vier Komponenten einer Botschaft doch mal genauer an:

1. Die Sachebene

Auf der Sachebene geht es logischerweise darum, dem anderen Daten, Fakten und reine Sachinformationen zu vermitteln – möglichst klar und verständlich, denn sie sind die Basis der Nachricht. Der Empfänger wiederum entscheidet auf dieser Ebene, ob die Sachverhalte der Wahrheit entsprechen, ob sie relevant oder irrelevant und ob sie ausreichend sind. Wie gut sich zwei Kommunikationspartner kennen, erkennt man unter anderem daran, dass der Austausch auf der Sachebene reibungslos funktioniert; je besser sie sich kennen, desto weniger Sachinformationen werden benötigt.

2. Die Beziehungsebene

Wie wir ebenfalls bereits wissen, spielt sich auf der Beziehungsebene der emotionale Austausch zwischen den beiden Gesprächspartnern ab. Hier wird also geklärt, wie Sender und Empfänger zueinander stehen bzw. was sie voneinander halten und welche Art der Beziehung zwischen ihnen besteht.

Je nachdem, *wie* wir jemanden ansprechen – sei es durch die Art der Formulierung, durch unsere Körpersprache oder unseren Tonfall – drücken wir beispielsweise Wertschätzung, Respekt, Wohlwollen, Gleichgültigkeit, Verachtung oder Ähnliches aus. Ebenso ist es mit der Wirkung, die eine Botschaft im »Beziehungs-Ohr« des Empfängers auslöst: Der Zuhörer kann sich entweder akzeptiert oder herabgesetzt, respektiert oder bevormundet fühlen. Ideale Voraussetzung für eine gute Kommunikation ist also eine

Beziehungsebene, die von gegenseitiger Sympathie und Wertschätzung geprägt ist.

3. Die Selbstoffenbarung

Ebenso wie wir unserem Gegenüber mit jeder Botschaft unbewusst vermitteln, was wir von ihm halten, geben wir mit jedem gesprochenen Wort und mit nonverbalen Signalen immer auch etwas über uns selbst preis. Auf dieser Ebene der Selbstoffenbarung besteht jede Botschaft sowohl aus einer bewussten und gewollten Selbstdarstellung als auch aus einer unfreiwilligen – dem Sender nicht bewussten – Selbstenthüllung. Das heißt: Immer, wenn wir uns mit einer anderen Person auseinandersetzen – sei es verbal oder nonverbal –, nutzen wir diese Kommunikation, um uns so darzustellen, wie wir gesehen werden wollen. Trotzdem kann der andere auch Facetten unserer Persönlichkeit entdecken, die wir vielleicht gar nicht preisgeben wollen, die wir trotzdem aber unbewusst – vor allem in Form nonverbaler Signale – zu erkennen geben.

4. Der Appell

Last but not least hat jede Botschaft ein Ziel bzw. einen Appell, den wir zwar oft nicht direkt zur Sprache bringen wollen, der aber in jeder Aussage mitschwingt. Wir wollen etwas von unserem Gegenüber, wollen den anderen dazu veranlassen, bestimmte Dinge zu tun oder zu unterlassen. Dieser Versuch, Einfluss zu nehmen, kann mehr oder weniger offen, zum Beispiel in Form einer Bitte, oder aber eher versteckt daherkommen. Und auch der Empfänger fragt sich – ebenfalls meist unbewusst – bei jeder Botschaft, die an ihn gerichtet ist: »Was will der andere von mir?« »Was soll ich jetzt denken, machen oder fühlen?«

Soviel zur Theorie der vier Bedeutungsebenen einer Botschaft. Wie aber sieht eine solche Kombination in der Praxis aus?

Nehmen wir zum Beispiel die Aussage: »Die Kosten für Büromaterial sind im letzten Monat um zehn Prozent gestiegen.« Der Sachinhalt entspricht der Tatsache, dass mehr Geld für Papier, Büroklammern und Bleistifte ausgegeben werden musste. Die Beziehungsmitteilung betrifft den Gesprächspartner und lautet in diesem speziellen Fall: »Wieso ist Ihnen das nicht aufgefallen?« Daraus ergibt sich der Appell an den anderen, also die Erwartungshaltung, dass künftig wieder sparsamer mit Büromaterial umgegangen werden soll. Dieser Appell wiederum impliziert automatisch die Selbstoffenbarung des Sprechers, dass dieser nämlich unzufrieden über die gestiegenen Kosten ist. Vier Botschaften also, die in einer einzigen Aussage stecken, aber jede für sich verstanden und ernst genommen werden sollten.

Zur weiteren Verdeutlichung dieses Kommunikationsmodells dient ein ganz alltägliches Beispiel, das auch Schulz von Thun selbst gern benutzt: ein Dialog zwischen einem Autofahrer und seinem Beifahrer. Der Hinweis des Beifahrers an seinen fahrenden Nebenmann: »Die Ampel ist grün«, beinhaltet auf den verschiedenen Ebenen die vier folgenden Aussagen:

- Sachebene: »Die Ampel ist grün.«
- Beziehung: »Du hättest auch sehen müssen, dass die Ampel grün ist.«
- Selbstoffenbarung: »Ich hab gesehen, dass die Ampel grün ist.«
- Appell: »Du sollst losfahren!«

Aber auch beim Empfänger dieser simplen Aussage kommen mehrere Botschaften an:

- Sachebene: »Die Ampel ist grün.«
- Beziehung: »Mein Beifahrer hält mich für unaufmerksam.«
- Selbstoffenbarung: »Der andere hält sich für den besseren Autofahrer.«
- Appell: »Ich soll endlich weiterfahren!«

Missverständnisse vorprogrammiert

Eine Situation, die jeder schon mal so oder so ähnlich erlebt hat. Deshalb können wir uns auch alle lebhaft vorstellen, wie unterschiedlich eine solche Aussage aufgenommen werden kann. Je nachdem, in welcher Stimmung wir sind oder in welcher Beziehung wir zu unserem Gegenüber stehen, fassen wir eine solche Botschaft als rein sachlichen Hinweis oder aber als Angriff auf unsere Fahrkünste auf. Wie viel größer ist also die Gefahr, missverstanden zu werden, wenn es bei einem Gespräch um komplexere Dinge geht als um eine grüne Ampel? Schließlich kann jede einzelne der vier Ebenen missverstanden werden; und auch die Gewichtung, die den vier verschiedenen Botschaften zukommt, kann vom Sender und vom Empfänger völlig unterschiedlich bewertet werden. Ein klassisches Missverständnis im Fall unseres Beispiels: Der Sender legt das Gewicht der Nachricht auf die Sachinformation, der Empfänger empfängt jedoch in erster Linie den Selbstoffenbarungshinweis und ist gekränkt. Ein fataler Mechanismus, der vor allem auch die viel beschworenen Kommunikationsprobleme zwischen Mann und Frau ein wenig durchschaubarer macht.

Trainieren Sie Ihre Kommunikationsfähigkeiten

Und der Nutzen, den wir nun aus diesem Wissen ziehen können? Ganz klar: Eine bewusstere Kommunikation! Wenn wir andere begeistern, überzeugen und gewinnen wollen, ist unsere eigene **Kommunikationsfähigkeit** unser wichtigstes Werkzeug. Nicht ohne Grund werden gerade im Berufsleben die so genannten »Communication Skills« immer wichtiger. Der einfache Vorgang des Miteinander-Redens ist von elementarer Bedeutung und wird im Alltag leider trotzdem viel zu hemdsärmelig behandelt. Dabei ist die Art und Weise, wie wir kommunizieren, unsere Visitenkarte, unser Schlüssel zum Erfolg und vor allem unser Geheimrezept, mit dem wir andere

Menschen für uns gewinnen. Denn eines steht fest: Derjenige, der seine inneren Prozesse, also seine Gedanken und – wenn angebracht – auch seine Gefühle möglichst ohne Reibungsverlust nach außen transportieren kann, kommt besser mit seiner Umwelt und besonders mit seinen Mitmenschen zurecht.

Einer Aufgabe, der wir uns permanent, zu jeder Zeit und in jeder Situation widmen sollten, lautet daher: die eigenen Kommunikationsfähigkeiten zu verbessern – mit dem Ziel, ein guter und vor allem gewinnender Gesprächspartner zu werden. Auf einige entscheidende Aspekte sollten Sie dabei achten:

Kommunizieren Sie effektiv!

Nichts ist unangenehmer und nervtötender als eine Unterhaltung, bei der ein Gesprächspartner sprichwörtlich um den heißen Brei herumredet und nicht zum Punkt kommt. Um Ihr Gegenüber zu überzeugen, müssen Sie selbst wissen, was der Kern Ihrer Aussage ist. Und Sie müssen Begeisterung ausstrahlen – und das heißt **Aktivität.** Oder glauben Sie, dass sich jemand von langatmigen und ausschweifenden Ausführungen hinreißen lässt? Von einer Argumentation, die zur Hälfte aus »Ähs« und »Öhs« besteht und bei der man gar nicht erkennen kann, welche Kernbotschaft sich dahinter versteckt? Wohl kaum.

Wenn Sie jemanden gewinnen wollen, müssen Sie selbst erst einmal genau definieren, wofür Sie ihn gewinnen wollen. Formulieren Sie Ihre Botschaft klar, sowohl für sich selbst als auch für Ihren Gesprächspartner. Das heißt: Kommen Sie zur Sache und sprechen Sie die Dinge möglichst direkt an. Das bedeutet aber auf keinen Fall, dass Sie Ihren Gesprächspartner in kürzester Zeit »abfertigen« sollen. Entscheidend ist, dass Ihr Gegenüber erkennt, was Ihr Anliegen ist. Nur so können Sie überzeugend, kompetent und vertrauenswürdig wirken.

Kommunizieren Sie offen!

Wenn Sie jemanden gewinnen wollen, dann gehören dazu immer zwei: Sie selbst und Ihr Gesprächspartner. Kommunikation ist keine Einbahnstraße, deshalb sollten Informationen auch in beide Richtungen fließen können. Das funktioniert aber nur, wenn Sie aus einem Gespräch keine Ein-Mann-Show machen, in der Sie die einzige und tragende Rolle spielen. Denn damit nehmen Sie dem anderen die Möglichkeit, mit Ihnen in einen **Dialog** zu treten.

Egal ob Sie autoritär kommunizieren, auf verbale Selbstbeweihräucherungs-Trips gehen oder in einschläfernde Monologe verfallen – in keinem dieser Fälle werden Sie das gewünschte Ergebnis erzielen, denn Ihr Gegenüber fühlt sich entweder eingeschüchtert oder hat bald die Nase voll und macht innerlich die Schotten dicht. Kommunizieren Sie also offen. Geben Sie dem anderen die Chance teilzunehmen. Nur so kann ein wechselseitiger Informationsfluss entstehen – und damit echte Kommunikation.

Aus dem Nähkästchen

Dass unsere Kommunikation immer nur so gut ist, wie die Reaktion, die wir darauf bekommen, lernte ich gleich zu Beginn meiner Radiolaufbahn. Ich hatte den britischen Musiker Chris Rea zum Interview vor mir und wollte unbedingt mit ihm über seine Leidenschaft für den Rennsport sprechen. Er hatte sich jedoch offenbar darauf vorbereitet, sein neues Album zu promoten und wollte geschlagene zehn Minuten lang nicht auf meine Fragen antworten. Das Ergebnis: ein Interview, das die Welt nicht brauchte. Flexible Kommunikation sieht anders aus.

Kommunizieren Sie konkret!

Kommt es häufig vor, dass Sie etwas haben wollen und es nicht bekommen? Oder stattdessen etwas ganz anderes erreichen? Dann überprüfen Sie einmal, ob Sie nicht zu viele Konjunktive und eine Menge »Wenns« und »Abers« im Schlepptau haben. Natürlich gilt es, eine gewisse Höflichkeit walten zu lassen und nicht zu fordernd aufzutreten. Andererseits muss der andere aber erkennen und fühlen, dass Sie tatsächlich hinter Ihrem Anliegen stehen und ihn wirklich für Ihre Sache gewinnen wollen. Definieren Sie Ihre Botschaft daher klar und machen Sie deutlich, dass Sie exakt dieses **auserwählte Ziel** erreichen wollen. Oder mit anderen Worten: Wenn Sie ein Ziel erreichen wollen, dann bringen Sie es auch zum Ausdruck und betonen Sie dessen Wichtigkeit für Sie. Wie anders sollte Ihr Gegenüber es sonst erfahren? Das heißt: Legen Sie genau die Kraft und Energie in Ihre Kommunikation, die notwendig ist, um Ihr Ziel zu erreichen.

Ein weiterer Vorteil von »konkreter Kommunikation«: Sie werden auf diese Weise viel schneller erfahren, woran Sie sind, denn bei den meisten löst eine Konjunktiv-Kommunikation auch nur Konjunktiv-Antworten aus. Sprechen Sie hingegen Klartext, wird dies auch Ihr Gegenüber tun.

Kommunizieren Sie positiv!

Wir alle kennen die berühmte Macht des positiven Denkens. Wie aber sieht es mit der Macht des **positiven Kommunizierens** aus? Ob wir etwas optimistisch oder pessimistisch formulieren, macht einen enormen Unterschied – für uns, aber vor allem für unser Gegenüber. Unterschätzen Sie nicht die Stimmung, die Sie mit einer Aussage vermitteln!

Wenn Sie Ihre Aussagen in positive Sätze kleiden, hat das zwei wichtige Folgen: Zum einen bewirken Sie bei sich selbst und bei Ihrem Gesprächspartner eine positive Sichtweise, die die Atmosphäre der gesamten Kommunikation prägt. Zum anderen aktivieren Sie sowohl sich selbst als auch Ihr Gegenüber. Ein entscheidender Schritt auf dem Weg, den anderen zu gewinnen, denn wenn Möglichkeiten sichtbar und denkbar werden, ist es oft nur noch ein kurzer Weg zu ihrer Realisierung. Negative Sichtweisen dagegen lähmen und blockieren.

Kommunizieren Sie mit sich selbst!

Versuchen Sie es gar nicht zu leugnen – auch Sie führen **Selbstgespräche.** Wir alle sprechen zu uns, viele sogar unaufhörlich. Achten Sie in Zukunft einmal darauf, wie Sie zu sich selbst reden. Sprechen Sie unklar und verworren mit sich, im Konjunktiv oder vielleicht sogar überwiegend mit negativen Formulierungen? Dann wird auch Ihre Kommunikation nach außen höchstwahrscheinlich nicht viel anders klingen. Der erste Schritt, ein guter Gesprächspartner zu werden, ist daher, sich über seinen eigenen »Inner Talk« bewusst zu werden und diesen in die richtige Richtung zu lenken. Denn nur wer mit sich selbst die richtige Sprache spricht, wird dies auch mit anderen tun.

Achten Sie auf Ihre Körpersprache!

Vergessen Sie nicht: Sie kommunizieren auch nonverbal! Auch wenn Sie nichts sagen, sagen Sie sehr viel – durch Ihren Körper. Das Entscheidende dabei: Durch Ihre **Körpersprache** bringen Sie auch solche Dinge sehr genau zum Ausdruck, die Sie verbal vielleicht lieber für sich behalten wollen, denn der Körper lügt nicht. Deshalb gilt: Wenn Ihre verbalen Botschaften wirklich beim anderen ankommen sollen, müssen Sie dafür sorgen, dass sie sich mit den Signalen Ihres Körpers decken. Man spricht in diesem Fall von »Kongruenz«, also einer Deckungsgleichheit zwischen Botschaft und Körpersprache.

Bei einem meiner Präsentationsseminare lautete die Aufgabe: »Halten Sie eine zweiminütige begeisternde Rede zu einem Thema Ihrer Wahl!« Ein Teilnehmer schlurfte nach vorne, schnappte sich den Boardmarker und sagte – während er das Wort »Erlebniskauf« auf das Flipchart kritzelte – mit hängenden Schultern und monotoner Stimme: »Herzlich willkommen, heute beschäftigen wir uns mit dem Thema Erlebniskauf«. Inhalt, Körpersprache und Stimme hätten in keinem krasseren Missverhältnis stehen können. Wenn Sie über »Erlebniskauf« oder eine »Sensation« sprechen, dann muss Ihr Gegenüber auch mit jeder Faser seines Körpers spüren, dass es sich hier um ein wirkliches Erlebnis bzw. um eine echte Sensation handelt.

Kommunizieren Sie persönlich!

Sprechen Sie in der **»Ich-Form«,** wenn es um Sie persönlich geht. Sie meinen, das wäre doch logisch? Dann achten Sie einmal darauf, wie viele Menschen ständig in der »Man-Form« sprechen, selbst wenn sie ganz persönliche Erlebnisse schildern.

Warum viele Menschen eine klare Ich-Sprache scheuen, ist nicht schwer zu erklären. Von sich zu sprechen bedeutet, dass jemand Verantwortung übernimmt, einen Standpunkt vertritt, sich nicht herausreden will und keine Angst hat, seine Gefühle zu äußern. Wenn Sie dagegen in den Man-Stil ausweichen, gehen Sie auf Sicherheitsabstand. Alles klingt dann wesentlich distanzierter, als ob es mit Ihnen gar nichts zu tun hätte. Mit der Ich-Sprache beweisen Sie Stärke und Charakter, mit ihr bringen Sie sich eindeutig und unmissverständlich persönlich ein und erlangen dadurch noch mehr Profil. Und es lohnt sich, denn für Ihren Gesprächspartner bedeutet das: Sie sind wirklich präsent und stehen voll und ganz hinter Ihren Aussagen.

Kommunizieren Sie aktiv und geschickt!

Vergessen Sie nicht: Sie wollen den anderen begeistern, überzeugen, gewinnen – nicht umgekehrt. Warten Sie also nicht, bis sich jemand für Sie interessiert und das Gespräch mit Ihnen sucht, sondern ergreifen Sie die **Initiative.** Nicht umsonst spricht man davon, ein Gespräch zu »führen«.

Wie lustig finden Sie einen Witz, von dem als Erstes die Pointe erzählt wird? Nicht besonders lustig, oder? Eben! Auch für ein verständliches und vor allem überzeugendes Gespräch ist die **Struktur** das A und O. Die Reihenfolge der einzelnen Informationen, aus denen sich unsere Botschaft zusammensetzt, ist ein elementarer Aspekt,

Achten Sie auf Ihre Sprache!

BAUMGARTNERS TRICKKISTE

Neben unserer Kommunikationsstrategie ist auch unsere Sprache und Ausdrucksweise dafür verantwortlich, wie gut und überzeugend wir kommunizieren. Zwar können wir uns, was unsere »persönliche« Sprache betrifft, nicht verstellen, ohne gekünstelt und unecht zu wirken. Einige Kleinigkeiten können Sie jedoch durchaus beeinflussen:

- Achten Sie bei Ihren Formulierungen darauf, dass Sie möglichst wenige Substantive und möglichst viele Verben benutzen. Ein »substantivischer Stil« klingt im Vergleich zum Verbalstil hölzern, statisch und schwerfällig.
- Übertreiben Sie es nicht mit Fremdwörtern. Zwar lässt sich mit ihnen manches etwas genauer ausdrücken – häufig sind sie jedoch schlichtweg überflüssig. Und eines ist sicher: Sie wirken nicht besonders schlau oder gebildet, wenn Sie möglichst jeden Satz mit einem Fremdwort spicken. Vielmehr raubt Ihnen eine solche »Wichtigtuerei« Sympathiepunkte.
- Nutzen Sie die Magie des Namens. Erkundigen Sie sich gleich zu Beginn eines Gesprächs, wie Ihr Gegenüber heißt. Wenn Sie den Namen nicht genau verstanden haben, lassen Sie ihn sich buchstabieren. Sprechen Sie Ihren Gesprächspartner im Verlauf der Unterhaltung dann immer wieder mit seinem Namen an. Das gibt dem Ganzen einen persönlichen Touch und verankert Sie in seinem Gedächtnis.

die Bedeutung des berühmten roten Fadens stärker und wichtiger, als man vielleicht denkt.

Für diesen roten Faden, also die Struktur Ihrer Kommunikation, gibt es verschiedene Möglichkeiten. Dazu zählen besonders die Aufzählung, die chronologische Gliederung und die Pro-und-Kontra-Argumentation. Welchen »Schlachtplan« Sie für ein Gespräch wählen, hängt dabei ganz von Ihnen ab, besser gesagt vom Inhalt Ihrer Botschaft und dem Ziel, das Ihre Kommunikation anstrebt. Näheres zu diesem Thema erfahren Sie im Abschnitt »Das 1 x 1 der Stegreifrede« ab Seite 87.

Smalltalk – leicht gemacht

Die wenigsten mögen ihn wirklich gern, aber wir alle benutzen ihn fast täglich: den Smalltalk. Bei verschiedensten Gelegenheiten – auf Partys, in der U-Bahn, beim Warten in der Schlange an der Supermarktkasse, bei geschäftlichen Events oder im Wartezimmer – treffen wir auf Menschen, die wir entweder noch gar nicht oder nur sporadisch und eher oberflächlich kennen.

Was wir alle in solchen Situationen oftmals fürchten: unangenehmes Schweigen. Also führen wir kurze, beiläufige Gespräche ohne wirklichen Tiefgang, kurz: Wir machen Smalltalk. Woran liegt es aber, dass kaum jemand die positiven Seiten der gesellschaftlichen Plauderei erkennt und diese wirklich gern praktiziert? Warum hat Smalltalk so ein schlechtes Image? Vermutlich sind dafür hauptsächlich zwei Gründe verantwortlich. Zum einen ist wohl jeder von uns, der vom Schicksal nicht mit einer Extraportion Selbstbewusstsein ausgestattet wurde, in typischen Smalltalk-Situationen unsicher. »Worüber soll ich mit dem anderen bloß reden? Bestimmt wird er mich für einen langweiligen oder oberflächlichen Gesprächspartner halten. Warum fällt mir in solchen Momenten nie etwas Interessantes ein?« Solche und ähnliche Gedanken sind Ihnen bestimmt auch schon durch den Kopf gegangen, wenn Sie wieder einmal vor der Aufgabe standen, lockere Konversation zu betreiben. Was wir jedoch meistens übersehen: Unserem Gegenüber geht es höchstwahrscheinlich ganz genau so. Und vermutlich macht der andere sich genau die gleichen Gedanken wie wir, was leider oft dazu führt, dass beide Gesprächspartner mehr und mehr verkrampfen. Sich dieses Dilemma bewusst zu machen, ist jedoch schon ein erster Schritt zur Besserung.

Exkurs: Small-Talk als Karrierefaktor

Eine IBM-Studie aus den 1990er Jahren gibt recht eindeutig Auskunft über die Bedeutung des Smalltalks. Es wurden Abteilungsleiter und Personalreferenten befragt, nach welchen Kriterien sie über eine Beförderung entscheiden. Laut ihren Aussagen hängen die Aufstiegschancen im beruflichen Umfeld vor allem von drei Faktoren ab:

1. Leistung, Qualität der Arbeit: 10 Prozent

2. Persönliches Auftreten: 30 Prozent

3. Gesehen- und Wahrgenommenwerden, also der Bekanntheitsgrad eines Mitarbeiters: 60 Prozent.

Man kann also schlussfolgern: Gut sein allein reicht nicht, Sie müssen auch präsent sein. Es kommt darauf an, dass man Sie und Ihre Leistungen überhaupt wahrnimmt – und dafür müssen Sie zur richtigen Zeit am richtigen Ort zu den richtigen Leuten Kontakt haben: Smalltalk!

Vergessen Sie die hohen Ansprüche, die Sie an eine gelungene Unterhaltung stellen, weil Sie glauben, dass Ihr Gegenüber mit Sicherheit geistreiche und tiefschürfende Gesprächsthemen erwartet. Im Gegenteil: Je lockerer und unverkrampfter Sie an einen Smalltalk herangehen und je weniger Sie sich scheuen, über Belanglosigkeiten zu plaudern, desto bereitwilliger wird Ihr Gesprächspartner Ihrem Beispiel folgen und desto schneller wird eine vertrautere Gesprächsbasis erreicht, die dann – wenn gewünscht – nach und nach auch anspruchsvolleren Themen Raum gibt.

Grund Nummer zwei für das weit verbreitete Imageproblem des »Smalltalkens«: Der Smalltalk an sich wird von den meisten Menschen schlicht und ergreifend als sinnloses, stupides Geplänkel angesehen. Objektiv gesehen ist der kommunikative bzw. informative Ertrag von Smalltalk tatsächlich gleich null. Daher wird er vielfach als Zeitverschwendung abgetan, als notwendiges Übel des gesellschaftlichen Lebens. Stimmen Sie dem zu? Würden Sie Smalltalk auch, ohne mit der Wimper zu zucken, von der Speisekarte des Lebens streichen, wenn Sie die Möglichkeit hätten?

Wenn ja, denken Sie doch bitte noch einmal kurz nach. Versuchen Sie sich an Ihre letzten Smalltalks zu erinnern. War es im Nachhinein wirklich so schlimm? Haben Sie auf diese Weise vielleicht nicht doch eine interessante neue Bekanntschaft gemacht? Oder hat sich aus einem Geplauder nicht womöglich doch ein intensiveres und sehr anregendes Gespräch entwickelt? Selbst wenn Sie nur eine dieser Fragen mit Ja beantworten können, dürfen Sie an dieser Stelle bereits Ihre Meinung über Smalltalk revidieren und zugeben, dass es sich in dem einen oder anderen Fall durchaus schon gelohnt hat, ein wenig Zeit in vermeintlich belangloses Plaudern zu investieren.

Oft kann ein guter Smalltalk jedoch auch von entscheidender Bedeutung sein. Mal ehrlich, fast jedes Erstgespräch, das wir – sowohl beruflich, als auch privat – mit einer Person führen, die uns bis dato unbekannt ist, beginnen wir mit Smalltalk. Im Alltag, weil es meist unhöflich und aufdringlich wäre, sofort mit der Tür ins Haus zu fallen. Bei privaten Kontakten zu dem Zweck, sich erst einmal ein wenig zu »beschnuppern«. In beiden Fällen erfüllt der Smalltalk also eine ganz bestimmte Funktion: Er dient als

So nützlich ist Smalltalk

BAUMGARTNERS TRICKKISTE

Bevor Sie also in Zukunft versuchen, sich einem Smalltalk voreilig zu entziehen, sollten Sie sich noch einmal klar machen, welche Vorteile dieses unterschätzte gesellschaftliche »Nebenprodukt« mit sich bringt:

Smalltalk ...

- ... eignet sich ideal als »Aufwärmphase«, um Vertrauen aufzubauen und eine gemeinsame Basis zu schaffen, die es erlaubt, besser über die persönlichen Belange zu sprechen.
- ... erhöht zu Beginn einer Unterhaltung die Bereitschaft des anderen zuzuhören, wenn es schließlich um konkrete und wichtige Inhalte im weiteren Gespräch geht. Folglich steigen dadurch die Chancen, den anderen für sich zu gewinnen.
- ... erleichtert das Kennenlernen neuer Menschen – geschäftlich und privat.
- ... gibt Ihnen die Möglichkeit, Interesse an Ihrem Gegenüber zu signalisieren.
- ... wirkt höflich, weil Sie nicht gleich mit der Tür ins Haus fallen, sondern erst ein paar unverfängliche und die Beziehung fördernde Worte wechseln.
- ... vermeidet peinliches Schweigen, das noch unangenehmer ist als langweiliges Geplauder, und trägt so zur Auflockerung der Atmosphäre bei.
- ... kann als Mittel genutzt werden, um unauffällig und scheinbar beiläufig ein Thema anzuschneiden, über das Sie etwas erfahren möchten.
- ... ist in manchen Fällen eine gute Möglichkeit, um von einem »ungelegenen« Thema abzulenken.
- ... ist nichts anderes als ein Steigbügelhalter für ein richtiges, unter Umständen tief gehendes Gespräch. Oder anders: Kennen Sie jemanden, der ein Pferd reiten kann, ohne aufzusteigen?
- ... tut nicht weh, ist kein Tattoo und geht wieder weg.

kommunikatives »Warm up«. Die Gesprächspartner erhalten die Möglichkeit, ihre Unsicherheit abzulegen, den anderen ein wenig auszuloten und sich mit der gesamten Situation vertrauter zu machen. Damit ist dann auch die ideale Voraussetzung für einen echten kommunikativen Austausch geschaffen – ein Faktor, der besonders wichtig ist, wenn wir im anschließenden Gespräch jemanden überzeugen oder für etwas gewinnen wollen. Dieses »Vorgeplänkel«, das wir oft am liebsten überspringen würden, ist also nicht selten unsere Eintrittskarte in ein wichtiges Gespräch.

Die Hitliste der Smalltalk-Themen

Verantwortlich dafür, dass fast jeder – wenn möglich – lieber einen großen Bogen um Smalltalk-Situationen macht, ist ohne Zweifel die Frage des Gesprächsthemas. Worüber soll man bloß reden? Schließlich kennt man sein Gegenüber ja gar nicht oder zumindest kaum. Man weiß nichts über den anderen und hat dementsprechend auch keine Ahnung, was für ein Typ er ist und wofür er sich interessiert. Eine Ausgangslage, die die Zahl möglicher Themen natürlich reduziert.

Trotzdem stehen Ihnen verschiedenste allgemeine Gesprächsinhalte zur Auswahl, mit denen Sie problemlos jeden Smalltalk meistern. Die Schwierigkeit liegt in den meisten Fällen eher darin, dass uns genau in diesem Moment spontan kein interessantes Thema einfallen will. Der beste Tipp: Versuchen Sie, sich für alle Fälle eine kleine »Top-Ten-Liste« von Smalltalk-Themen einzuprägen, die immer und bei jedem Anlass passend sind. Mit diesem »Kommunikations-Ass« im Ärmel sind Sie bestens vorbereitet und können in Zukunft deutlich lockerer und relaxter »smalltalken« gehen.

Meine Top Ten der Smalltalk-Themen

BAUMGARTNERS TRICKKISTE

Hier sind zehn in der Praxis erprobte und bewährte Smalltalk-Themen:

1. Der Beruf

Vor allem bei geschäftlichen Kontakten steht das Thema Job und Karriere ohnehin im Raum und eignet sich daher ideal als Gesprächseinstieg. Stellen Sie dem anderen locker allgemeine Fragen zu seinem Berufsalltag oder seinem Werdegang, um das Gespräch in Gang zu bringen. Zum Beispiel:

»Wollten Sie von Anfang an in diese Branche?«

»Wofür genau steht denn das xy auf Ihrer Visitenkarte?«

»Sind Sie beruflich viel unterwegs?«

2. Die Umgebung bzw. Location
Was liegt näher, als sich über das zu unterhalten, was einen direkt umgibt? Das heißt den Ort, das Gebäude, den Raum etc. Wenn Sie beispielsweise etwas Interessantes über den Ort wissen, an dem Sie sich befinden, dann erzählen Sie es. Oder fragen Sie interessiert nach, ob Ihr Gegenüber etwas über die Entstehungsgeschichte des Gebäudes weiß. Auch ein anerkennendes Lob für die Einrichtung kann gerade im privaten Rahmen ein guter Aufhänger für ein Gespräch sein.

3. Gemeinsame Bekannte
Kaum etwas schafft schneller eine gemeinsame Basis, als Freunde oder Bekanntschaften, die man sich »teilt«. Denn wenn Sie und Ihr Gesprächspartner gemeinsame Bekannte haben, gehören Sie sozusagen schon zum selben Team. Das weitere Kennenlernen ist dann fast nur noch Formsache. Auch bewirken gemeinsame Freunde und Bekannte einen nicht zu verachtenden Vertrauensbonus. Jemand, den die eigenen Vertrauten bereits akzeptiert haben, kann ja eigentlich nur sympathisch sein.

4. Hobbies
Fast ebenso wirkungsvoll wie Überschneidungen im Bekanntenkreis sind gemeinsame Hobbies. Ganz einfach aus dem Grund, weil wir alle gern über unsere Freizeitaktivitäten reden, weil sie uns Spaß machen, uns wichtig sind und auch über unsere Persönlichkeit Auskunft geben. Wenn Sie zum Beispiel gern Motorrad fahren, dann halten Sie damit nicht hinterm Berg. Das Benzingespräch ist eine spezielle Form des Smalltalks, die vor allem unter Motorradfahrern verbreitet ist und sich inhaltlich rund um das Thema »Motorrad« bewegt. »Benzingespräch« auch deshalb, weil es sich wie Sprit nach einiger Zeit wieder verflüchtigt.

5. Urlaub
Wer redet nicht gern über Urlaub. Zum einen, weil wir dann in schönen Erinnerungen schwelgen können und zum anderen, weil wir uns schon auf die nächste Reise freuen und vielleicht schon mitten in den Vorbereitungen stecken. Noch dazu ist jeder interessiert an Reise- und Erfahrungsberichten, exklusiven Tipps und Insider-Informationen aus erster Hand.

6. Sport
Vielleicht nicht bei allen Frauen, aber bei fast allen Männern ist Sport ein echtes Smalltalk-Evergreen. Weiterer Vorteil: Egal, ob neueste Bundesliga-Ergebnisse, die Tennis-Weltrangliste oder das spannende Finale im Skispringen – ein aktueller Aufhänger findet sich hier fast immer.

7. Die Schlagzeile des Tages
Es gibt kaum ein universelleres Gesprächsthema als die aktuellen Nachrichten, die jeden betreffen und über die in den meisten

Fällen auch jeder informiert ist – egal, ob in den Bereichen Politik, Wirtschaft, weltweite Ereignisse oder »Lokales«.

8. Persönliche Fragen

Der »Klassiker« unter den Gesprächseinstiegen, der immer funktioniert: Wenn sich bei gesellschaftlichen oder beruflichen Gelegenheiten wirklich kein anderes Thema anbietet, fragen Sie Ihren Gesprächspartner einfach nach seinem Befinden, nach seiner Familie, ob er eine gute Anreise hatte, wie ihm das Essen schmeckt und so weiter. Denn wir wissen ja bereits, dass wir am sympathischsten wirken, wenn wir Interesse am anderen zeigen – und sei es auch nur in Bezug auf belanglose Dinge. Und genau dafür können Sie Smalltalk-Situationen besonders gut nutzen. Das Ergebnis: Ihr Gesprächspartner wird sich bereitwillig auf einen Plausch einlassen und von vornherein deutlich aufgeschlossener sein, was das Gesprächsthema betrifft.

9. Persönliches Lob

Den gleichen Effekt wie mit persönlichen Fragen erzielen Sie auch mit Komplimenten, indem Sie also etwas Positives ansprechen, das Ihr Gegenüber persönlich betrifft. Das kann eine anerkennende Bemerkung über einen wertvollen Kugelschreiber oder ein besonders schönes Kleidungs- oder Schmuckstück sein oder ein Lob für eine Präsentation oder einen Vortrag. Aber Vorsicht: Der Unterschied zwischen Medizin und Gift liegt hier in der Dosis! Wenn Sie nicht aufgesetzt und vielleicht sogar heuchlerisch wirken wollen, sollten Sie mit Komplimenten bedacht und sparsam umgehen. Schließlich würden Sie auch misstrauisch werden, wenn jemand, der Sie gar nicht kennt, Sie pausenlos mit Schmeicheleien umgarnt. Weniger ist mehr, lautet auch hier die Devise; tragen Sie also nicht zu dick auf. Denn nur, wenn ein Kompliment oder Lob authentisch und aufrichtig klingt, vermuten wir dahinter echtes Interesse und keine Schauspielerei.

10. Das Wetter

Auch wenn Sie jetzt vielleicht zusammenzucken: Das Wetter ist und bleibt der Klassiker unter den Smalltalk-Themen. Mit einer einzigen Einschränkung: Das Wetter muss etwas Besonders zu bieten haben, wenn Sie darüber reden. Sie kommen im Hochsommer auf eine Party, draußen hat es 35 Grad und drinnen funktioniert die Lüftung nicht. Eine größere Gemeinsamkeit mit den anderen Gästen werden Sie nicht mehr erreichen. Sprechen Sie darüber! Generell gilt: »Schönes Wetter heute, oder?« klingt eindeutig verzweifelt. Sprechen Sie hingegen von der extremen Hitze, dem schweren Gewitter vom Vorabend, dem Regen, der jetzt schon fast zwei Wochen anhält oder dem ausbleibenden Schnee in diesem Winter – warum nicht? Der Vorteil: Beim Wetter kann wirklich jeder mitreden und jeder ist auch davon betroffen.

Soweit die Theorie, jetzt zur Praxis. Wir alle wissen, dass uns im entscheidenden Moment unsere »Smalltalk-Kreativität« verlassen kann und wir nicht die Ruhe und Souveränität haben, im Geiste unsere Themen-Hitliste durchzugehen. Deshalb: Vorbereitung ist beim Smalltalk die halbe Miete! Nehmen Sie die Top-Ten-Liste vor einem gesellschaftlichen Ereignis zur Hand und gehen Sie die Anregungen durch. Betrachten Sie die Liste wie ein Buffet und entscheiden Sie, was Sie davon nehmen werden. Legen Sie sich Formulierungen zurecht und üben Sie sie vor dem Spiegel. Kontrollieren Sie Inhalt, Stimme und Körpersprache, bis die Sätze sitzen. Wie in vielen Lebenslagen gilt: Je besser Sie vorbereitet sind, desto spontaner können Sie sein.

Exkurs: Smalltalk-Typen

Nicht gerade für Smalltalk-Anfänger, aber für Fortgeschrittene ist neben der Themenfrage noch ein weiterer Aspekt interessant, der ausschlaggebend für einen gelungenen Smalltalk sein kann. Denn wer in der »Pflicht«, also dem lockeren Plaudern über ein beliebiges Thema, einigermaßen sicher ist, kann danach auch in der »Kür« punkten. Wie? Indem wir berücksichtigen, mit welchem Smalltalk-Typen wir es zu tun haben und uns auf diesen einstellen und entsprechend mit ihm kommunizieren.

Der Analytiker:
Der Analytiker sucht in jedem Gespräch – auch im Smalltalk – nach Logik und Ordnung. Aus diesem Grund hört er mehr zu, als dass er selbst spricht. Oft macht er deshalb den Eindruck, gar nicht wirklich in ein Gespräch involviert zu sein, sondern stattdessen die Informationen zu sondieren, die er erhält. »Bombardieren« Sie diesen Smalltalk-Typus daher nicht mit zu vielen Fragen, die ihn zum Reden zwingen und überfordern Sie ihn auch nicht mit allzu persönlichen Themen. Wählen Sie stattdessen lieber sachliche Gesprächsinhalte, wie beispielsweise die Modalitäten seiner Anreise, den Grund seiner Teilnahme oder ein aktuelles politisches Thema.

Der Berater:
Der Berater ist vor allem an höflichen Worten und ruhigen Gesten zu erkennen. Höflich ist auch sein gesamtes Verhalten: Er verhält sich gleichzeitig entgegenkommend und doch zurückhaltend, hört seinem Gesprächspartner ernsthaft zu, und wenn er mehr Vertrauen gefasst hat, stellt er auch mehr Nähe her. Der beste Weg, diesen Smalltalk-Typus zu »packen« ist, ihn um etwas zu bitten und dadurch an seinen »Berater-Charakter« zu appellieren.

Der Networker:
Der Networker ist der typische »Bussi-Bussi-Smalltalker«. Sein Ziel sind möglichst viele Plaudereien mit möglichst vielen Menschen in möglichst kurzer Zeit. Beim Smalltalken selbst ist er eher extrovertiert, lacht und scherzt viel und hält zu seinen Gesprächspartner keine allzu große Distanz. Ihn gewinnen Sie am ehesten für sich, wenn Sie ihm das geben, was er will: noch mehr Kontakte. Bringen Sie ihn darum mit anderen Personen zusammen und vergrößern Sie wenn möglich die Smalltalk-Runde. Unterstützen Sie ihn außerdem in seiner »Entertainer-Rolle«, indem Sie ihn beispielsweise bitten, in der Runde etwas von sich zu erzählen.

Der Vorreiter:
Der Dominante unter den Smalltalk-Typen ist ohne Zweifel der Vorreiter. Häufig mit einem »Gefolge« unterwegs, das ihm garantiert zuhört, hält er beim Smalltalk die Gesprächsführung gern in seinen Händen. Das heißt: Er spricht in der Regel deutlich und schnell, und scheut sich nicht, Gesprächspartner zu unterbrechen, sie zu korrigieren oder ihnen auf den Zahn zu fühlen. Wenn Sie so jemanden auf Ihre Seite ziehen wollen, sollten Sie ihm das Gefühl geben, dass Sie in derselben Liga spielen. Nicht schüchtern, sondern ebenso souverän und direkt auf den anderen zugehen, lautet also die Devise in diesem Fall.

So werden Sie zum Profi-Smalltalker

Die entscheidende Frage beim Smalltalk – das Problem des Themas – hätten wir also geklärt. Trotzdem ist der Gesprächsinhalt – der gerade beim Smalltalk sehr austauschbar ist – nicht alles und auch kein Garant dafür, dass die lockere Plauderei wirklich gelingt. Aber keine Sorge: Smalltalk ist keine Wissenschaft und bedarf, wie die meisten Soft Skills, einfach ein wenig mehr Übung und Erfahrung. Je häufiger Sie smalltalken, desto sicherer fühlen Sie sich mit der Zeit in solchen Situationen und desto besser können Sie auch Ihre Smalltalk-Partner einschätzen. Um sich wie ein Profi-Tänzer auf dem Smalltalk-Parkett zu bewegen, sollten Sie außerdem einige entscheidende Dos and Don'ts beherzigen.

Smalltalk – Dos and Don'ts

Beginnen Sie einen Smalltalk immer positiv. Entweder, indem Sie ein **positives Thema** – ein Kompliment, die schöne Umgebung oder das gute Essen – ansprechen oder indem Sie sich freundlich vorstellen und einen sachlichen Gesprächsaufhänger wählen. Schließlich soll ein Smalltalk die Situation auflockern und eine angenehme Gesprächsatmosphäre schaffen.

Mimik und Körpersprache sind am Anfang meist wichtiger als Worte. Eine offene, freundliche Begrüßung ist daher die beste Voraussetzung.

Wenn Sie nicht völlig überraschend in eine Smalltalk-Situation geraten, überlegen Sie sich schon vorher, wie Sie die Konversation eröffnen könnten. Formulieren Sie sich einige **Lieblings-Einstiegssätze** und prägen Sie sich diese bei Ihren ersten Smalltalks ein. Schon nach wenigen Versuchen werden Sie dann in der Lage sein, auch spontan zu reagieren.

Smalltalk ist ein bisschen wie **Pingpong** spielen: Sie müssen Ihrem Gesprächspartner Bälle zuwerfen, damit auch etwas zurückkommt. Bieten Sie dem anderen deshalb möglichst viele Fakten, Beschreibungen und Bilder, bei denen er einhaken und vor allem nachhaken kann. Werden Sie beispielsweise nach Ihrer Herkunft gefragt, nennen Sie nicht einfach die Stadt, in der Sie wohnen, sondern ergänzen Sie diese Antwort noch durch eine interessante **Zusatzinformation** über Ihren Heimatort, wie etwa ein bekanntes Event, das gerade dort stattfindet oder Ähnliches. Der Effekt: Anstelle einer belanglosen Vorstellung legen Sie so die Grundlage für ein anregendes Gespräch.

Umgekehrt sollten Sie natürlich auch auf die Anker achten, die Ihr Gesprächspartner auswirft. Hören Sie genau hin und lenken Sie Ihre Aufmerksamkeit auf **kleine Details**. In der Regel finden Sie auf diese Weise eine Menge Anknüpfungspunkte für ein interessantes Gespräch.

Gehen Sie mit der **richtigen Einstellung** an einen Smalltalk heran. Wenn Sie selbst von vornherein überzeugt davon sind, dass der Smalltalk mit Ihrem Gegenüber nur langweiliges Geplänkel sein wird, wird auch genau das eintreffen und das Gespräch wird so uninteressant verlaufen, wie Sie es prophezeit haben. In diesem Fall machen Sie nämlich innerlich schon zu, bevor es überhaupt losgeht, und übersehen dabei wahrscheinlich wesentliche Aspekte, die aus dem Geplauder eine wirklich interessante Konversation machen könnten. Befreien Sie sich also von Ihren Vorurteilen und Vorbehalten gegenüber dem Smalltalk. Gehen Sie davon aus, dass Ihr Gegenüber interessant ist und dass sich **interessante Gemeinsamkeiten** zwischen Ihnen finden lassen. Machen Sie sich außerdem bewusst, dass Sie im Kontakt mit neuen Menschen immer etwas dazulernen und Ihren Horizont erweitern können.

So vermeiden Sie Smalltalk-Fehler

Beginnen Sie einen Smalltalk nie mit negativen Bemerkungen oder gar mit Kritik. Zum einen entwickelt sich aus einem negativen Aufhänger selten ein aktives und schon gar kein erquickliches Gespräch. Zum anderen kann das Gesprächsthema auf Ihre Person abfärben und das lässt Sie nicht freundlich, offen und sympathisch erscheinen, sondern pessimistisch und mürrisch. Im schlimmsten Fall treten Sie außerdem in ein echtes Fettnäpfchen und kritisieren beispielsweise unwissentlich Ihr Gegenüber. Sollte Ihnen ein solcher Fauxpas passiert sein, überlegen Sie sich, ob Sie sich umgehend entschuldigen und/oder besser leise abgehen.

Erzählen Sie außerdem auch keine lustigen Geschichten über Ihre Kinder – es sei denn, Sie wollen unbedingt lustige Geschichten über die Kinder der anderen Gäste hören. Kinder sind ein typisches Thema, bei dem die meisten Menschen innerlich die Augen verdrehen – vor allem, wenn sie selbst keine Kinder haben oder der eigene Nachwuchs schon längst aus dem Haus ist.

Zwingen Sie nie jemandem, der offensichtlich sehr beschäftigt oder in Eile ist, ein langes Smalltalk-Gespräch auf.

Die sieben besten Gesprächseinstiege

BAUMGARTNERS TRICKKISTE

Der Anfang ist immer am schwersten. Deshalb hier noch mal die besten Starts für einen gelungenen Smalltalk:

1. Fragen Sie! Beginnen Sie bei sich selbst und leiten dann über. Beispiel: »Ich bin das erste Mal hier. Kennen Sie Hannover besser?«
2. Stellen Sie öffnende Fragen. W-Fragen (Was? Wie? Warum? Wann? Womit? Woher? Wohin?) bewirken von selbst ausführlichere Antworten.
3. Stellen Sie sich vor – aber ohne in Selbstbeweihräucherung zu verfallen. Wenn Sie Ihr Gesprächspartner fragt, was Sie beruflich machen, antworten Sie kreativ. Je interessanter, desto besser. Ein Unternehmensberater, der sich auf Betriebe spezialisiert hat, die vor dem Konkurs stehen, beschrieb mir seine Tätigkeit einmal so: »Ich mach' Humpelnde wieder gehend«, eine Assistentin der Geschäftsführung benannte ihre Tätigkeit mit den Worten »Ich bin das Auge des Hurrikans«.
4. Bitten Sie um einen Gefallen – oder bieten Sie Hilfe an. »Ich hole mir noch etwas zu trinken, darf ich Ihnen was mitbringen?«
5. Knüpfen Sie an andere Äußerungen an. »Ich höre, Sie haben ein Faible für Fußball. Wie beurteilen Sie unsere Chancen bei der kommenden WM?«
6. Machen Sie Komplimente. Achten Sie dabei aber auf die richtige Dosis. Ihr Kompliment muss ehrlich und für Ihr Gegenüber nachvollziehbar sein.
7. Suchen Sie einen Aufhänger für eine Gemeinsamkeit: »Ach, Sie waren auch in Australien ...«, »Ich sehe, Sie trinken auch Gin Tonic ...«.

Erzählen Sie keine Handlungen von Büchern oder Filmen, die Ihr Gegenüber nicht gelesen oder gesehen hat, und schon gar nicht in aller Ausführlichkeit. Kaum etwas ist vernichtender für einen lebendigen Smalltalk als ein monologisches Kurzreferat.

Entschuldigen Sie sich nicht für etwas, das Sie nicht wissen oder kennen, wie etwa den Roman eines bestimmten Schriftstellers oder den neuesten Film eines jungen Regisseurs.

Vergessen Sie nie, dass wahrscheinlich auch Ihr Gesprächspartner gern mal etwas sagen und nicht nur zuhören möchte. Geben Sie ihm diese Chance.

Meiden Sie unter allen Umständen die fünf Tabu-Themen beim Smalltalk: Krankheit, Tod, Religion, Rassenprobleme, Stammtischparolen – und vor allem: Lästereien über Anwesende!

Zu guter Letzt: Sollten Sie an einen Zeitgenossen geraten, der partout keinen Smalltalk wünscht und sich Ihnen gegenüber mürrisch und ablehnend verhält, dann nehmen Sie's sportlich und wenden sich nach einer höflichen Verabschiedung einem anderen Partygast zu. Es befinden sich mit Sicherheit Menschen in Ihrer Nähe, die aufgeschlossener sind und sich freuen, wenn Sie ein Gespräch mit ihnen beginnen. Erhalten Sie sich Ihre gute Laune!

Porsche oder Panda – Wie soll Ihre Stimme klingen?

Mal ehrlich: Mögen Sie Ihre Stimme? Wenn ja, herzlichen Glückwunsch, denn dann gehören Sie zur Minderheit derer, die sich selbst hören können, ohne an Ohrenstöpsel zu denken. Die meisten Menschen reagieren in der Regel »geschockt« oder zumindest desillusioniert, wenn sie die eigene Stimme auf Tonband hören. »Was, so höre ich mich an? Das ist ja schrecklich!« »Ich klinge ja wie eine Ente!« So oder ähnlich lautet nicht selten das Feedback auf die eigene Stimmlage, dem ein schnelles Verdrängen des zuvor gehörten Klangbeispiels folgt.

Das ist schade! Denn erstens wird Ihnen jeder Ihrer Freunde bestätigen, dass die Stimme auf der Aufnahme tatsächlich Ihre ist und zweitens sollten wir uns auch in stimmlicher Hinsicht so annehmen, wie wir sind. Außerdem lassen wir drittens unser stimmliches Potenzial unnötig brachliegen, wenn wir hier die Flinte zu früh ins Korn werfen. Ihre Stimme, wie Sie sie wahrnehmen und entweder mögen oder nicht, ist keine festgeschriebene Komposition, an der kein Ton verändert werden kann. Im Gegenteil: Sie können Ihre Stimme trainieren wie eine Sportart.

Aber warum wollen wir unsere Stimme eigentlich verändern? Worin unterscheidet sich die Wirkung verschiedener Stimmlagen? Und wie klingt die optimale Stimme? Aus eigener Erfahrung wissen wir, dass Stimme nicht gleich Stimme ist und wir nicht jede Klangfarbe als angenehm empfinden. Was also ist das Geheimnis der Stimme?

Jeder Mensch klingt anders

»Die menschliche Stimme ist der durch die Stimmlippen eines Menschen erzeugte und in den Mund-, Rachen- und Nasenhöhlen modulierte Schall. Die Stimme dient Funktionen wie dem Sprechen, Singen, Lachen, Weinen und Schreien. Sie befähigt den Menschen, Gefühlen wie etwa Freude, Ärger oder Überraschung Ausdruck zu verleihen. Beim Singen kann die menschliche Stimme in künstlerischer Form eingesetzt werden.«

Was in dieser lexikalischen Beschreibung der menschlichen Stimme so sachlich klingt, beschreibt einen entscheidenden Aspekt, wenn es um unsere persönliche und individuelle Wirkung geht: Die Stimme ist ein Spiegelbild unserer **Persönlichkeit.** Ob wir gut oder schlecht drauf sind, traurig, glücklich, wütend oder erschöpft – man hört uns unsere Stimmung mit jedem einzelnen Ton an. Dafür sind verschiedene Aspekte verantwortlich, die unsere ganz eigene Stimme formen. Da wäre zum einen unser Sprachtempo. Wir alle kennen diese »300-Wörter-pro-Minute-Quassler«, die nie Luft zu holen scheinen, und denen wir irgendwann einfach nicht mehr zuhören können, weil wir die Informationen, die wir in Lichtgeschwindigkeit erhalten, gar nicht verarbeiten können. Das andere Extrem stellen dagegen jene »Zeitlupen-Erzähler« dar, bei deren Sprechgeschwindigkeit wir jedes Wort mühelos mitschreiben könnten. Auch bei dieser Spezies streicht jeder noch so willige Zuhörer irgendwann die Segel – aus dem einfachen Grund, weil er nicht gefordert wird und die Aufmerksamkeit aufgrund dessen immer mehr nachlässt.

Ein normales **Sprechtempo** mit durchschnittlich 180 bis 200 Wörtern pro Minute wird dagegen in der Regel als angenehm empfunden und ermöglicht dem Zuhörer das richtige Mittelmaß zwischen entspanntem und aktivem Zuhören.

Aspekt Nummer zwei bei der »stimmigen« Stimmlage: die richtige Lautstärke. Dass es hier keine Standardlösung gibt, liegt auf der Hand. Oder fänden Sie es angebracht, in einem Museum lautstark Ihre Meinung über ein Gemälde kundzutun und im Fußballstadion »Noch ein Tor« zu flüstern? Sicher nicht! Unsere **Lautstärke** sollte vor allem der Situation angepasst sein. Das bedeutet auch, ein gewisses Gespür dafür zu entwickeln, wie leise oder laut wir sein dürfen bzw. sollten. Fast jeder empfindet es als extrem anstrengend, sich mit jemandem zu unterhalten, der sich nur im Flüsterton artikuliert. In so einem Fall muss man ständig nachfragen und ist mehr mit dem akustischen als mit dem inhaltlichen Zuhören beschäftigt. Nicht weniger unangenehm sind aber auch jene dröhnenden Gesprächspartner, bei denen man sich einen eingebauten Lautstärkeregler wünscht. Auch hier ist es also ratsam, den goldenen Mittelweg einzuschlagen und sich auf eine »normale« Lautstärke einzupendeln. Falls es Ihnen schwerfällt, sich in diesem Punkt selbst einzuschätzen, fragen Sie einfach Ihnen nahestehende Personen wie Familienmitglieder oder Freunde, ob sie Ihre Lautstärke im Gespräch als angenehm empfinden.

Übrigens: Auch wenn Sie Extreme vermeiden und in normalen Gesprächssituationen weder zu leise noch zu laut sprechen, ist ein wenig Abwechslung bei Lautstärke und Tonfall das Salz in der Suppe. Drehen Sie also ruhig ein wenig an Ihrem eigenen Lautstärkeregler. So entgehen Sie der Gefahr, dass Sie in einen monotonen Sprachstil verfallen. Eine leicht variierende Lautstärke lässt Ihre Ausführungen und Erzählungen dagegen lebendiger klingen und hält so die Aufmerksamkeit Ihres Gegenübers aufrecht.

Sprechtempo und -lautstärke können wir also direkt und relativ einfach steuern und damit unseren Sprechstil verbessern sowie diesen optimal an verschiedene Situationen anpassen. Nicht ganz so einfach, aber ebenso machbar, können wir den dritten Bereich beeinflussen, der ebenfalls ausschlaggebend für unser persönliches Klangbild ist: unsere **Stimmlage.** Was würden Sie antworten, wenn Sie spontan erklären müssten, welche Stimmen Sie als angenehm empfinden, also welche Menschen Sie gern sprechen oder singen hören? Höchstwahrscheinlich würde Ihre Wahl auf eine eher tiefe Stimmlage fallen. Warum das bei den meisten Leuten zutrifft, lässt sich schwer sagen, denn es gibt keine wissenschaftliche Erklärung für dieses Phänomen. Fest steht nur, dass wir Menschen mit tiefen Stimmen lieber zuhören als solchen mit hohen oder »spitzen«. Darum werden »Tiefklinger« auch automatisch als sympathischer, kompetenter und glaubwürdiger eingestuft – allein aufgrund ihrer Stimmlage.

Dieser Umstand macht eines ganz deutlich: Unsere Stimme ist ein mächtiges Instrument, mit dem wir unsere Wirkung auf andere merklich beeinflussen und lenken können. Sie kann dafür ausschlaggebend sein, wie sympathisch wir wirken, und ob wir andere begeistern und für uns gewinnen können. Walter Sendlmeier, ein renommierter Sprachforscher der TU Berlin, fand in einer Studie sogar heraus, dass selbst das Image eines großen Konzerns vom Umgangston des Vorstandschefs beeinflusst wird. Kein Wunder also, dass die eigene Stimme auf unseren beruflichen Erfolg genauso viel Einfluss hat wie auf unsere Partnerwahl.

Die Stimme: unser erster hörbarer Eindruck

»Worauf achten Sie als Erstes, wenn Sie einem Menschen zum ersten Mal begegnen?« fragte das GEO-Magazin. Überraschende Antwort von 40 Prozent der Umfrageteilnehmer: »Auf die Stimme.« Unsere Stimme beeinflusst also wesentlich den ersten Eindruck, den wir beispielsweise bei Arbeitgebern, Kollegen oder Geschäftspartnern hinterlassen. Verantwortlich dafür ist unser Gehirn, das jedes uns gegenüber artikulierte Wort bereits nach 140 Millisekunden verarbeitet hat und uns auf diesem Weg einen direkten Einblick in die psychische und emotionale Lage unseres Gegenübers gibt.

Was die Stimme eines Menschen dabei unbewusst preisgibt, ist kaum zu glauben: Unser individueller Klang macht unsere soziale Herkunft ebenso hörbar wie unseren Bildungsgrad und unser Alter. Vor allem die sogenannten Obertöne, die bei jedem Laut mitschwingen und bei jedem Menschen ein anderes Muster haben, machen unsere Stimme – neben Sprachmelodie, Sprechtempo, Dehnungen und verschieden hohen Grundtönen – zu einem einzigartigen, individuellen Phänomen. Eine Art »vokaler Fingerabdruck«, der uns unverwechselbar macht. Jüngste Forschungsergebnisse gehen sogar davon aus, dass selbst einzelne Charakterzüge einer Person in der Stimme hörbar sind. Wie ist das möglich? Wie können Emotionen, Charaktereigenschaften und selbst das Alter so deutlich in unserer Stimme mitschwingen, dass andere diese Informationen – wenn auch unbewusst – sofort aufnehmen?

Der Ursprung unserer **emotionalen Stimmsignale** findet sich in unserem Gehirn, genauer gesagt im limbischen System – der Schaltzentrale für unsere Gefühle. Jede Emotion aktiviert hier spezifische Neuronen, die Impulse in einem spezifischen Rhythmus ausstrahlen, deren Frequenz sich auf die Stimme überträgt, genauer: auf sämtliche Zwischentöne. Die Folge: Ist jemand traurig, erschlafft seine Sprechmuskulatur, die Stimmlippen reagieren verzögert und vibrieren sanfter. Prompt klingt die Stimme tiefer, kraftloser, undeutlicher. Desinteresse oder Frust machen die Stimme flach und monoton, der Sprachmelodie fehlt die Modulation. Und wer gestresst oder nervös ist, klingt gepresst und dünn, dem Sprecher schnürt es sprichwörtlich die Kehle zu und die Stimme wird höher.

Finden Sie Ihre optimale Stimmlage!

Wir wissen nun also, wie unser Gehirn einerseits unsere Stimme mit Subbotschaften versieht und andererseits solche unbewussten Signale aus anderen Stimmen heraushört. Wie können wir aber unsere Stimme gezielt dazu nutzen, andere für uns zu gewinnen? Der Klang unserer Stimme ist also kein unabänderliches »Schicksal«, mit dem wir leben müssen. Natürlich hat jeder Mensch unterschiedliche anatomische Gegebenheiten und dadurch auch eine natürliche Sprechlage. Jemand, der unter seiner Piepsstimme leidet, wird sich nie in den Typ »brummender Bär« verwandeln. In gewissem Maße können wir aber durchaus an unserer Stimme arbeiten und sie optimieren.

Und das Ziel? Ganz einfach: genau die Stimmlage zu finden, die – nach unserer Vorstellung und unserem Gefühl – zu unserem Charakter passt, und in der wir uns wohl fühlen. Immerhin beeinflusst unsere Stimme, oder vielmehr deren Wirkung, unsere Persönlichkeit stärker als wir denken. Vor allem Frauen, aber auch Männer, die mit einer recht schwachen, leisen, dünnen und vielleicht piepsigen Stimme ausgestattet sind, haben oft das Problem, nicht ernst genommen zu werden. Da sie stimmlich nicht so »präsent« sind, fallen sie auch als Person wenig auf und werden daher oft unwillkürlich als schüchtern, unsicher und nicht selten auch als wenig durchsetzungsfähig und sogar inkompetent eingeschätzt. Diese Wirkung schlägt sich unter Umständen irgendwann rückwirkend auf die Persönlichkeit nieder, denn wer ständig als unsicher wahrgenommen wird, verhält sich irgendwann auch so. Daher erstaunt auch das Ergebnis einer Studie der Universität Lausanne nicht, der zufolge viele erfolgreiche Frauen in leitenden Positionen ihre Stimmlage derjenigen von Männern anpassen. Das altbekannte Schema »dunkle Stimme, tiefer Sinn« ist zwar mittlerweile wissenschaftlich widerlegt – trotzdem verfehlen tiefe Stimmen selten ihre Wirkung. Und auch hinsichtlich der Sprachmelodie ist das starke Geschlecht in der Regel im Vorteil – wenn auch unbewusst. So nutzen Männer, die im Geschäftsleben Autorität dokumentieren wollen, meist nur zwei bis drei Töne ihres Repertoires. Dadurch entsteht beim Zuhörer zwar ein monotoner, ausdrucksarmer Eindruck, zugleich entspricht dieser aber den Klischees »objektiv« und »informativ«. Anders bei Frauen: Diese verwenden beim Sprechen bis zu fünf Töne, klingen deswegen expressiver, gleichzeitig aber auch weniger durchsetzungsstark.

Falls Sie mit Ihrer Stimme unzufrieden sind oder eine andere Wirkung erzielen wollen, aber auch, wenn Sie in bestimmten Situationen besonders überzeugend und gewinnend klingen wollen, dann lohnt sich ein Feinschliff der eigenen Stimme. Was sind schließlich schon fünf Minuten Stimmtraining pro Tag im Vergleich zu den vielen Stunden, die wir wöchentlich darauf verwenden, unseren Körper im Fitnessstudio oder beim Joggen zu trainieren? Fünf Minuten täglich, die unter Umständen entscheidende Auswirkungen auf unsere persönliche und berufliche Entwicklung haben können. Nehmen Sie sich die Zeit für ein persönliches »Klang-Workout« – es lohnt sich!

Betreiben Sie »Stimmnastik«!

Wenn Sie jetzt bei Stimmtraining an Korken im Mund und Zungenbrecher aus Kindheitstagen denken, liegen Sie gar nicht so falsch. Aber keine Angst: Erstens gehört zu einem effektiven Stimmtraining noch etwas mehr und zweitens werden Sie feststellen, wie unterhaltsam solche simplen Übungen sein können – ein Workout also, das auch noch Spaß macht.

Entscheidenden Anteil an unserer Stimme und vor allem an unserer Stimmkraft hat vor allem unsere Atmung. Nur wenn unser Atem frei strömen kann, kann sich auch unsere Stimme optimal entfalten. Ist stattdessen – beispielweise aufgrund von Angst oder übermäßiger Nervosität – unsere Kehle im wahrsten Sinne des Wortes zugeschnürt, klingt unsere Stimme schnell schrill, dünn oder brüchig. Eine solche »Stimmung« entgeht natürlich auch den Menschen um uns herum nicht.

Im Zusammenhang mit der Atmung fragt sich nun, was für ein »Atmer« Sie sind: ein Zwerchfell- oder ein Brustkorbatmer? Sie wissen es nicht? Das lässt sich ganz einfach herausfinden: Stellen Sie sich aufrecht hin und atmen Sie einfach ein, so wie Sie es sonst auch tun. Achten Sie jetzt genau darauf, was passiert: Hebt sich Ihr Brustkorb bzw. gehen Ihre Schultern nach oben oder wölbt sich Ihr Bauch beim Atmen nach außen? Im Idealfall trifft Letzteres auf Sie zu und Sie haben das Glück, zur Gattung der Zwerchfellatmer zu gehören. Eine Spezies, der Moderatoren, Präsentatoren und Sänger angehören, also all diejenigen, die eindrucksvoll und überzeugend klingen müssen, um gut und erfolgreich zu sein. Der Vorteil einer »gekonnten« Zwerchfellatmung: Sie können mehr Luft einatmen und haben dadurch mehr »Sprechpower« zur Verfügung. Ergo können Sie lauter sprechen und Ihren kraftvollen Ton länger halten. Der Effekt: Sie wirken nicht nur als Sprecher offen, lebendig und dynamisch, sondern können sich auch über eine größere Ausdauer freuen.

Werden Sie zum Zwerchfell-Atmer!

Die Zwerchfellatmung zu erlernen, ist ein Kinderspiel. Am besten geht das im Liegen. Bei jeder Einatmung hebt sich die Bauchdecke, bei jeder Ausatmung senkt sie sich von selbst wieder. Das Atmen sollte immer leicht und ohne Anstrengung erfolgen. Sie können die Zwerchfellatmung auch im Sitzen perfektionieren: Verschränken Sie Ihre Hände hinter dem Kopf und atmen Sie durch die Nase ein; anschließend werden Sie spüren, wie Sie locker aus dem Bauch heraus ausatmen. Wichtig: Sollte Ihnen bei Ihren Atemübungen mal schwindlig werden, unterbrechen Sie sofort die Übung und atmen in die hohle, vor den Mund gehaltene Hand.

Trainieren Sie die Zwerchfellatmung gezielt. Am Anfang mag Ihnen das vielleicht ungewohnt vorkommen, den Bauch beim Atmen nach außen und innen wandern zu lassen, nach einiger Zeit werden Sie dies aber bereits verinnerlicht haben und es geht ganz automatisch. Und haben Sie erst einmal mit der richtigen Atmung die optimale Basis für Ihr persönliches Stimm-Workout geschaffen, können Sie mit dem eigentlichen Training starten und Ihre Stimme in Bestform bringen. Eine tolle Unterstützung erhalten Sie dabei auch auf der beigefügten CD in diesem Buch.

Das 5-Schritte-Programm zur Wunschstimme

BAUMGARTNERS TRICKKISTE

Treiben Sie Frühsport!

Morgenstund' hat im wahrsten Sinne des Wortes Gold im Mund. Gönnen Sie Ihrer Stimme deshalb nach dem Aufstehen ein paar Minuten Aufwärmtraining. Ein Kaltstart ist nie ratsam, auch nicht für Ihre Stimmbänder. Dagegen hat ein herzhaftes Gähnen und Strecken eine erfrischende Wirkung auf den Körper, entlastet den Kehlkopf und aktiviert Resonanzräume und Gaumensegel. Schließen Sie an dieses »Stretching« eine kleine Übung an, die sich auch als rasches Stimmtraining für zwischendurch eignet: die »bdu-blubb-Übung«. Sagen Sie mit lockerem Kiefer, lockeren Lippen und Wangen »bdu-bdu-bdu«, danach » blubb-blubb-blubb«. Der Grund: Die Konsonantenfolge »b« und »d« aktiviert Lippen und Zungenspitze, das nachfolgende »u« lässt den Unterkiefer locker sinken. Dadurch werden alle drei Bereiche beansprucht und auf ein optimales »Teamwork« vorbereitet.

Summen Sie sich fit!

Egal ob als zusätzliches Warm-up-Programm am Morgen oder vor einem wichtigen Termin, bei dem Ihre »Stimmigkeit« gefragt ist: Summen ist eine ideale Methode, Ihre Stimme einzustimmen. Atmen Sie einfach langsam durch die Nase aus und ein, und während die Luft ausströmt, summen Sie ein »Mmmh« dazu. Die Lippen sollten sich dabei kaum berühren. Summen Sie nun »schneller« und »langsamer« und versuchen Sie dabei, die Tonhöhe nach oben und unten zu variieren. Dabei sollten Sie aber nicht lauter oder leiser werden – nur höher und tiefer. Nach einiger Zeit können Sie spüren, wie die Stimmbänder im Hals locker schwingen. Das Ergebnis: Mit sogenannten Klingern, wie zum Beispiel dem Konsonanten »M«, können Sie Ihrer Stimme zu einem volleren Klang verhelfen, indem Sie Ihre körpereigenen Resonanzräume so gut wie möglich zu nutzen.

Probieren Sie den klassischen Korkentrick!

Je klarer und deutlicher Ihre Aussprache, desto bereitwilliger und interessierter wird man Ihnen zuhören. Und was wäre besser geeignet, um die richtige Lautbildung zu üben, als ein echter Übungsklassiker des Stimmtrainings: der Korkentrick. Nehmen Sie einen Korken zwischen die Zähne und versuchen Sie, einen Text laut vorzulesen. Am Anfang wird dabei wahrscheinlich eher ein unverständliches Kauderwelsch herauskommen, aber mit der Zeit werden Sie feststellen, wie sich Ihre Artikulation verfeinert. Nehmen Sie zur Selbstkontrolle immer wieder den Korken aus dem Mund und achten Sie auf den Unterschied hinsichtlich der Artikulation und natürlich auch des allgemeinen Stimmklangs. Übrigens: Wenn Sie keinen Korken zur Hand haben, können Sie einfach Ihren Zeigefinger abwinkeln und den Fingerknöchel als Korkenersatz zwischen die Zähne nehmen.

Brechen Sie sich – ein wenig – die Zunge!

Auch wenn es Sie wahrscheinlich an Ihre Kindheitstage erinnert und Sie sich dabei ein wenig albern vorkommen: Kaum etwas ist effektiver für das Stimmtraining als das Aufsagen von Zungenbrechern. Achten Sie dabei aber nicht so sehr auf die Schnelligkeit, sondern vor allem auf eine deutliche Aussprache. Die Verse bieten übrigens noch einen weiteren Vorteil: Indem Sie sich voll und ganz auf den Zungenbrecher konzentrieren, betreiben Sie gleichzeitig auch ein wenig Gehirnjogging – ein doppelt effektives Training also.

Hier eine kleine Auswahl beliebter Zungenbrecher:

- Fischers Fritze fischt frische Fische.
- Kleine Kinder können keine Kirschkerne knacken.
- Thomas trank tausend Tassen Tee, tausend Tassen Tee trank Thomas.
- Wenn Fliegen hinter Fliegen fliegen, fliegen Fliegen Fliegen nach.
- Kaiser Karl kann keine Kartoffelklöße kochen.
- Der Zweck hat den Zweck, den Zweck zu bezwecken, wenn der Zweck seinen Zweck nicht bezweckt, hat der Zweck keinen Zweck.
- Hinter Hansens Hühnerhaus hüpfen hundert Hasen raus.
- Es saßen zwei zischende Schlangen zwischen zwei spitzen Steinen und zischten sich zuweilen an.

Finden Sie Ihre stimmliche Heimat

Jeder von uns deckt mit seiner Stimme einen gewissen Frequenzbereich ab. Der eine kommt leichter in die Höhen, der andere hat seine Stärke in den Tiefen. Aber es gibt eine Tonlage, auf der wir zuhause sind und auf der wir uns beim Sprechen ausruhen können. Diese nennt man »Basisstimme« oder »Indifferenzstimme«. In dieser Tonlage fühlen wir uns wohl und können von dort in die Höhen und Tiefen gehen und unseren Worten mehr Farbe verleihen.

Ihre Basisstimme finden Sie, in dem Sie seufzen. Stellen Sie sich eine unangenehme Arbeit vor und seufzen Sie. Der letzte Ton Ihres Seufzers markiert Ihre Basisstimme. Sie werden erstaunt sein, wie tief sie ist.

Übrigens: Auch Trainingspausen müssen sein! Genauso wie beim Sport gezielte Pausen den Trainingseffekt erhöhen, ist Entspannung auch beim Stimmtraining ein wichtiger Übungspunkt. Wenn Sie oft viel reden müssen, sollten Sie unbedingt nach drei Stunden Redezeit mindestens eine Stunde Pause einlegen. Auch bei Heiserkeit und Erkältung ist Ruhe die beste Therapie für Ihre Stimme.

Stimmtraining = Ganzkörpertraining

Um die eigene Stimme zu modellieren und zu optimieren, steht das Trainieren des Stimmapparats natürlich im Vordergrund. Trotzdem ist überzeugendes Sprechen und eine optimale Stimmqualität eine Leistung, die den vollen Einsatz des ganzen Körpers verlangt, der immerhin unser persönlicher Resonanzkörper ist. Um den gesamten Körper »einzustimmen«, sollten Sie auf einige Dinge achten:

Müssen Sie eine Rede halten, moderieren oder eine Konferenz leiten, dann sollten Sie das möglichst immer im Stehen tun. Nur so können Sie den Vorteil der Zwerchfellatmung auch wirklich nutzen. Dabei ist es außerdem wichtig, dass Sie fest mit beiden Beinen auf dem Boden stehen, statt nur ein Bein zu belasten und das andere anzuwinkeln.

Ein Warm-up tut nicht nur Ihrem Stimm-, sondern auch Ihrem »Sprechapparat« gut. Das heißt: Lockern Sie Ihren Kiefer, da dies für eine gute Aussprache besonders wichtig ist. Am einfachsten schaffen Sie das, indem Sie in der Aufwärmphase locker Kaugummi kauen. Dabei nutzen Sie dieselben Muskeln wie beim Sprechen.

Auch ausgiebiges Gähnen eignet sich ideal zur Lockerung des Kiefers und entspannt dazu noch Ihre Muskeln im Kopf- und Halsbereich. Deshalb sollten Sie ein Gähnen auch nie unterdrücken, Sie riskieren dadurch Verspannungen und das wirkt sich wiederum auf Ihre Stimme aus. Die Devise lautet also: Beim Gähnen den Mund so weit öffnen, wie es noch angenehm ist. Dabei ruhig auch Geräusche machen – das ist gut für die Stimme. Durch Gähnen senkt sich übrigens auch der Kehlkopf. Dadurch wird der Resonanzraum größer und zugleich entspannt sich die Stimmmuskulatur. Die Stimme wird klarer, befreiter und teilweise tiefer.

Neben den Kiefermuskeln gilt es auch die Gesichtsmuskeln zu lockern. Ihre Aufgabe lautet daher: Schneiden Sie Grimassen. Ja, Sie haben richtig gehört! Suchen Sie sich ein Plätzchen, wo Sie ungestört sind und legen Sie los! Strecken Sie die Zunge raus, soweit Sie können. Bewegen Sie den Unterkiefer nach links und rechts. Massieren und kneten Sie mit Ihren Händen Ihre Wangen. Ganz wichtig dabei: Halten Sie dabei Ihre Stimme nicht zurück, sondern lassen Sie sie mitklingen.

Nutzen Sie die Macht Ihrer Stimme!

So viel zum Thema Training und Vorbereitung. Wenn Sie fleißig Ihre Übungen machen und Stimme und Körper entsprechend fit halten, sind Sie auf dem Weg zu einer »stimmigen« Stimme schon fast am Ziel.

Entscheidend ist nun natürlich, was Sie aus Ihren Trainingsfortschritten machen und wie Sie Ihre optimierte Stimmqualität am besten zum Einsatz bringen. Worauf Sie hinsichtlich Tempo, Laustärke und Modulation achten sollten, wissen Sie ja bereits: Weder zu schnell noch zu langsam und weder zu laut noch zu leise, lautet die Devise. Außerdem wird Ihre Sprechweise umso interessanter und aktiver, je lebendiger Sie Ihre Stimme durch leicht abwechselnde Tonhöhen und eine möglichst wenig monotone Lautstärke gestalten.

Die eigene Stimme anhand dieser drei Parameter auszurichten, ist aber erst die »Pflicht« bei der Sprachperformance. Kommen wir also zur »Kür« bzw. zu der Frage, wie sich die eigene Stimme einsetzen lässt, um andere zu überzeugen und zu gewinnen. Die Antwort: Emotionen! Sie können niemanden begeistern, wenn Sie nicht selbst begeistert sind und diese Begeisterung nach außen tragen. Sei es durch die Worte, die Sie wählen, durch Ihr Verhalten oder eben durch Ihre Stimme. Stellen Sie sich vor, der Mann oder die Frau Ihres Lebens steht vor Ihnen und macht Ihnen eine Liebeserklärung in blumigen und romantischen Worten. Die Stimmlage entspricht dem Grad seiner/ihrer Leidenschaft nach jedoch ungefähr dem der telefonischen Zeitansage. Würde ein solches Gefühlsgeständnis Ihr Herz zum Schmelzen bringen? Wohl kaum, denn ohne die entsprechenden Emotionen in der Stimme des anderen klingt die heißblütigste Liebeserklärung leer und unglaubwürdig.

Damit Ihre Stimme die Menschen, die Sie für sich gewinnen wollen, auch erreicht, helfen Ihnen folgende Tipps:

- Warum findet jeder die italienische Sprache so lebendig und mitreißend? Weil hier die Vokale im Vordergrund stehen! Keine Angst, Sie müssen jetzt nicht anfangen, Italienisch zu lernen. Lassen Sie sich einfach ein wenig davon inspirieren und bringen Sie beim Sprechen die Vokale zum Schwingen. Ein paar Worte zur Übung: Baaarbara, Maaama, Miiiimi, Mooomo.

- Lassen Sie ein Lächeln in Ihrer Stimme hören. Mimik und Körpersprache wirken sich direkt auf unsere stimmliche Ausstrahlung aus. Schon ein kleines Lächeln verändert die Stimme daher deutlich. Ein Effekt, der vor allem bei Gesprächen am Telefon wichtig sein kann.

- Ein überzeugendes Stimmvolumen ist keine Frage der Anstrengung. »Pressen« Sie deshalb auf keinen Fall – in der Hoffnung, auf diese Weise zu überzeugen – Ihre Stimme heraus, sondern lassen Sie sie locker, aber kraftvoll aus dem Bauch strömen. Stimme muss »passieren«.

- Sorgen Sie für Abwechslung! Wer seine Zuhörer mitreißen will, muss für eine lebendige Sprechweise sorgen: Variieren Sie deshalb in angemessenem Umfang die Lautstärke und die Geschwindigkeit Ihrer Äußerungen. Vergessen Sie dabei aber nicht, zwischendurch immer wieder kleine Pausen einzulegen, und kombinieren Sie verschiedene Sprachmelodien miteinander.

- Unterschätzen Sie nicht die nonverbalen Signale Ihrer Stimme wie lautes Ausatmen, Schnalzen oder Schmatzen. Solche Laute können mehrdeutig wahrgenommen werden. Ein deutlich hörbares Ausblasen der Luft kann beispielsweise wie ein Seufzer der Erleichterung, aber auch wie ein schnippisches »Pfft« klingen. Darum: Sprechen Sie lieber aus, was Sie meinen. So entstehen keine Missverständnisse und Sie wirken außerdem natürlich und glaubwürdig.

Das A und O der Stimmpflege: Ölen Sie Ihre Stimme – aber richtig!

BAUMGARTNERS TRICKKISTE

Dass gern von einer geölten Stimme gesprochen wird, ist kein Zufall. Wer viel trinkt, hält tatsächlich die Stimmlippen geschmeidig. Wenn Sie beispielsweise zu sprechen beginnen und plötzlich ist Ihr Mund wie ausgetrocknet, die Stimme droht zu versagen und Sie haben das Gefühl, Sie müssten sich ständig räuspern, ist das ein sicheres Zeichen dafür, dass Ihre Stimme nicht richtig »geölt« ist. Milchkaffee und Orangensaft sind sicherlich tolle Getränke, wirken sich aber negativ auf die Stimme aus. Verzichten Sie besser darauf, wenn Sie verständlich bleiben wollen. Als »Schmieröl« eignet sich am besten klares, warmes Wasser, im Gegensatz zu Kaffee oder Kamillentee, der die Schleimhäute reizt bzw. austrocknet. Wenn Sie unbedingt Tee trinken wollen, empfehle ich Ihnen Salbeitee.

Stimme weg? Keine Panik!

Auch wer täglich joggt oder Fitness treibt, ist vor einer Zerrung oder Ähnlichem nicht gefeit. Genauso ist es mit unserer Stimme: Auch wenn wir regelmäßig trainieren, will sie manchmal nicht so, wie wir wollen – vor allem wenn wir sie überstrapaziert oder nicht sehr pfleglich behandelt haben. Wer beispielsweise aus geschäftlichen Gründen über Stunden hinweg reden muss oder den ganzen Abend lang voller Inbrunst Karaoke singt, muss mit einem Anflug von Heiserkeit rechnen. Doch was tun, wenn die Stimme weg bleibt? Der Ratschlag, dass in so einem Fall Flüstern hilft, ist ein weit verbreiteter Irrglaube. Tatsächlich strengt Flüstern den Kehlkopf noch mehr an und wirkt sich längerfristig eher stimmschädigend aus. Auch Räuspern ist Gift für die Stimme, denn durch zu häufiges oder zu heftiges Räuspern werden die Stimmbänder unnötig strapaziert. Die einzige Hilfe bei Heiserkeit ist dagegen völlige Stimmruhe. Zusätzlich helfen Salz- und Salbeipastillen oder Gurgeln und Inhalieren mit Salbeitee oder Kochsalzlösung. Vorsicht: Bonbons mit ätherischen Ölen reizen die Stimmbänder und sollten nicht verwendet werden.

- Auch wenn Sie mal gelernt haben, dass man am Ende eines Satzes mit der Stimme nach unten geht, testen Sie sich einfach mal selbst und hören Sie sich beim Sprechen zu. Und, gehen Sie wirklich immer mit Ihrer Stimme nach unten? Mit Sicherheit nicht! Würden Sie diese Regel nämlich streng befolgen, würden Sie anfangen zu leiern.

- Bei Präsentationen, Vorträgen oder Reden klammern wir uns häufig an ein Manuskript – vor allem, wenn wir uns in der freien Rede nicht sonderlich sicher fühlen. Wenn Sie Ihren Text also zum Großteil ablesen, sollten Sie umso intensiver auf eine sinnvolle und natürliche Betonung achten, damit Ihr Text nicht heruntergeleiert und monoton klingt. Wie? Ganz einfach: Lesen Sie sich selbst oder einem Freund Ihr Manuskript mehrmals laut vor und markieren Sie die Stellen, die eine Betonung verdienen. Als Hilfestellung können Sie Ihren Text entsprechend formatieren oder kleine Betonungszeichen über einzelne Worte setzen. Darüberhinaus empfehle ich, emotionale Wörter im Skript rot zu markieren – als Hinweis darauf, dass diese Worte besonders klingen sollen. Emotionale Wörter sind z. B. »traumhaft«, »wunderbar«, »Liebe« etc. ...

Erleben Sie im Selbsttest, welche unterschiedlichen emotionalen Farben Ihre Stimme erzeugen kann. Nehmen Sie einen gewöhnlichen Artikel aus der Zeitung und präsentieren ihn abwechselnd laut, leise, schnell, langsam, gehetzt, verliebt, »top secret«, pastoral-päpstlich, aggressiv, überzeugend, souverän, verletzlich, bestimmt, harmoniesüchtig, wie ein Märchen. Achten Sie bei dieser Übung weniger auf den Text als vielmehr auf Ihren Stimmklang in Verbindung mit Ihrer Körpersprache. Bei »aggressiv« zum Beispiel soll Ihre Stimme laut und kräftig klingen, Ihre Körpersprache frontal und angespannt aussehen. Bei »verliebt« hingegen wird Ihre Stimme leise und weich und Ihre Körpersprache einladend und offen.

Tipp!

Wenn Sie genau wissen wollen, wie Ihre Stimme klingt und was sie über Sie preisgibt, können Sie das problemlos im Internet testen. Auf der Website www.areyoutalking2me.com können Interessierte ihre Stimme kostenlos analysieren lassen. Alles, was Sie dafür brauchen, ist ein PC und ein gutes Mikrofon oder Headset, das Sie an den Computer anschließen. Ist die Software zur Stimmerkennung auf den Rechner geladen, können Sie Texte von 7 oder 26 Sekunden Länge online aufsprechen. Nur wenige Sekunden später ist das Programm dann in der Lage, Ihre aktuelle Gefühlslage zu erkennen und festzustellen, welche Motive Sie gerade verfolgen.

Be surprising – Seien Sie schlagfertig!

Überlegen Sie mal: Was erregt Ihre Aufmerksamkeit und Ihr Interesse am meisten? Etwas, womit Sie tagtäglich konfrontiert werden? Wohl kaum! Etwas, was überraschend und unerwartet in Ihr Leben tritt? Schon eher! Über Geschenke, die wir zwischen Geburtstag und Weihnachten bekommen, freuen wir uns tausend Mal mehr als über die zu erwartenden Feiertagspräsente. Warum? Weil wir nicht damit gerechnet haben. Unsere Freude ist in so einem Moment absolut spontan und von jeglicher Erwartungshaltung unbeeinflusst. Kurzum: Wir sind vollkommen überrascht. Wir genießen den kleinen Ausbruch aus der alltäglichen Routine.

Genau das Gleiche gilt für die Kommunikation. Mal ehrlich: Niemand erwartet von einem beruflichen Gespräch einen übermäßigen Unterhaltungswert. Vielmehr haben wir alle – aufgrund zahlreicher bereits erlebter Meetings – schon vor einer Besprechung eine ziemlich konkrete Vorstellung im Kopf, wie auch dieser Termin wieder mal verlaufen wird. Und nun stellen Sie sich vor, es kommt plötzlich ganz anders. Sie treffen auf einen Gesprächspartner, der sich nicht an die üblichen Kommunikationsmuster hält, sondern die Besprechung durch humorvolle Einschübe und überraschende Gedanken in einen lebendigen und spannenden Dialog verwandelt. Die Folge: Zum einen werden Sie an einem solchen Termin mehr Spaß haben, zum anderen gewinnt Ihr Gesprächspartner, indem er Sie überrascht, Ihre volle Aufmerksamkeit. Höchstwahrscheinlich hat der andere also bessere Chancen, Sie zu überzeugen, als es bei einem »normalen« Gesprächpartner der Fall wäre.

Ihre Aufgabe lautet daher: »Be surprising«. Ein guter Weg, jemanden für sich zu gewinnen, besteht darin, ihn zu überraschen. Durchbrechen Sie alte Muster, wenn Sie wollen, dass auch Ihr Gegenüber innovativer und flexibler denkt und Ihren Ideen gegenüber aufgeschlossener ist. Wie? Mit dem einfachsten »Soft Skill« der Welt: mit Humor! Humor schafft eine kreative Atmosphäre, denn er trägt dazu bei, dass wir uns öffnen – sowohl unserem Gegenüber, als auch seinen Botschaften. Das ist kein Wunder, denn schließlich verdanken die meisten Witze ihre Pointe dem Umstand, dass sie gewohnten Denkmustern widersprechen. Sobald wir also zulassen, uns über »unlogische« Gedanken zu amüsieren und dadurch unser normales mentales Spielfeld erweitern, sind wir auch um einiges bereiter, neue und innovative Ideen anzunehmen, die im ersten Moment vielleicht verrückt erscheinen. Daher wird es verständlich, dass auch der Sinn für Humor immer öfter in den Blickpunkt rückt, wenn von »Wegen zum Erfolg« die Rede ist.

Ein weiterer Effekt einer unterhaltsamen Runde: Je offener und zugänglicher wir kommunizieren, desto entspannter und lockerer sind wir auch. Das heißt, selbst schwierige Gesprächssituationen wie unterschiedliche Meinungen, zähe Verhandlungen oder abweichende Beziehungsebenen lassen sich mit Humor um einiges leichter und unverkrampfter meistern. Hierzu eine kleine Anekdote: Eine Kollegin von mir musste ein schwieriges Verhandlungsgespräch mit einem Geschäftspartner meistern, das irgendwann komplett festgefahren war. Es ging nicht mehr vorwärts und nicht mehr zurück. Ihr »Lösungsvorschlag« in dieser Situation, den sie auch unvermittelt dem Kunden mitteilte: »Wissen Sie was, ich eröffne jetzt gleich einen Blumenladen.« Nach einer verdutzten Pause und der berechtigten Rückfrage, warum sie das machen wolle, erklärte sie schlichtweg: »Weil ich mich dann nicht mehr mit Ihnen rumstreiten muss.« Sind Sie auch gespannt, ob und wie die Unterhaltung weiterging? Es gab in meiner Vorstellung nur zwei Möglichkeiten: Explosion oder schallendes Gelächter. Letzteres war dann auch der Fall. Die Kollegin hatte hoch gepokert, aber ihr Mut wurde belohnt: Beide lachten über den unvorhergesehenen und komisch-absurden Verlauf des Gesprächs und der schwierige Verhandlungspartner ließ sich sogar auf das Spiel ein. Seine Antwort: »Dann geben Sie mir aber Bescheid, dann stellen wir uns beide in den Laden und verkaufen gemeinsam die Blumen.« Punkt, Satz und Sieg! Die Rechnung meiner Kollegin war vielleicht ein wenig spekulativ – ging aber letztendlich voll auf. Das Gespräch war aus der Sackgasse herausmanövriert, die Stimmung entkrampft und die Karten dadurch neu gemischt worden – und das dank einer kleinen unerwarteten Bemerkung.

Setzen Sie also gezielt Unterbrechungen ein, um ein Gespräch wieder flott zu kriegen und den anderen zu begeistern. Manchmal genügt auch schon eine kurze gemeinsame Kaffeepause, damit die beteiligten Gesprächspartner es schaffen können, ihren gedanklichen Tunnelblick abzuschütteln. Denn sobald wir uns körperlich bewegen, also einfach mal aufstehen, uns einen Kaffee holen oder uns kurz die Beine vertreten, werden auch unsere Gedanken wieder beweglicher – ein Effekt, den Sie bestimmt selbst schon erlebt haben. Sie sitzen an einer Aufgabe oder einem Projekt und kommen einfach nicht voran. Kaum sind Sie jedoch auf dem Weg zur Kaffeemaschine, schießt Ihnen ganz plötzlich genau der Gedanke oder Einfall durch den Kopf, auf den Sie schon zwei Stunden verzweifelt gewartet haben.

Eine andere Möglichkeit, einen Gesprächsknoten zu lösen, besteht darin, einfach spontan ein völlig anderes Thema anzuschneiden. Auf diese Weise können sich alle

Beteiligten einen Moment lang ausruhen und sich gedanklich mit etwas anderem beschäftigen. Ihr Gesprächspartner muss sich »notgedrungen« für einen Moment vom eigentlichen Thema entfernen. Und was passiert, wenn wir etwas aus einer gewissen Distanz betrachten? Genau: Wir sehen viel mehr vom »Drumherum« und fokussieren uns nicht auf Details. Das heißt: Wer kurz abgelenkt wird, bekommt die Möglichkeit, ein Thema wieder als Ganzes zu erkennen.

Sowohl eine kurze Pause als auch ein spontaner Themenwechsel sind also gute und effiziente Methoden, um ein stockendes Gespräch wieder in Gang zu bringen. Sie können es aber auch meiner Kollegin gleichtun, indem Sie etwas machen, was Ihren Gesprächspartner wirklich verblüfft, auf das er mental nicht vorbereitet ist und das spontan seine geistige Flexibilität herausfordert.

Seien Sie ruhig mutig und spielen Sie die Humorkarte. Schließlich sind Sie doch auch ein humorvoller Mensch, oder nicht? Mit Sicherheit sind Sie das. Vielen fällt es schwer, ihren Humor zu nutzen, um in Gesprächen zu punkten und andere zu überzeugen. Der Grund ist oftmals schlicht und einfach, dass sie sich nicht trauen. Gerade, wenn wir auf Menschen treffen, die wir noch nicht kennen und daher noch nicht richtig einschätzen können, zögern wir und gehen lieber auf Nummer sicher. Wir wissen nicht, ob der andere einen ähnlichen Humor hat wie wir, ob er eine bestimmte Bemerkung amüsant finden würde oder ob ein spaßiger Einschub nicht vielleicht nach hinten losgehen könnte. Viel zu viele Überlegungen und zu wenig Mut! Kommunikation ist immer ein Risiko. Bereits wenn Sie im verkehrten Ton »Na, wie geht's heute?« zu Ihrer Kollegin sagen, kann dies bereits das »Todesurteil« für Ihren Arbeitstag sein. Dabei tut es doch nicht weh, amüsant und unterhaltsam zu sein. Sie müssen nur für einen kurzen Moment über Ihren Schatten springen. Haben Sie sich nämlich erst einmal überwunden und stellen fest, wie unnötig Ihre Skepsis war und wie positiv sich eine lockere und gelöste Stimmung auf den Gesprächsverlauf und das Gesprächsziel auswirken, wird es Ihnen von Mal zu Mal leichter fallen, Humor in Ihre Kommunikation einfließen zu lassen. Übung macht schließlich den Meister – auch in diesem Punkt. Das alles heißt natürlich nicht, dass Sie künftig in jeder Konferenz und jedem Meeting den Kasper spielen sollen. Wenn Sie Ihr Gegenüber noch nicht sehr gut kennen, ist weniger immer mehr – und auch völlig ausreichend. Schon eine kleine witzige, unerwartete Bemerkung kann ein Gespräch jedoch um 180 Grad drehen und den weiteren Fortgang positiv beeinflussen.

Auf die Plätze, schlagfertig, los!

Ok, Sie werden jetzt denken: Theoretisch klingt das alles sehr überzeugend. Aber wie funktioniert das überhaupt, überraschend und humorvoll zu kommunizieren? Wie schaffen wir es, unseren Humor genau im richtigen Moment zu nutzen und einen passenden Gag anzubringen?

Bestimmt haben Sie sich auch schon geärgert, weil Ihnen im entscheidenden Augenblick keine originelle Antwort oder keine witzige Bemerkung eingefallen ist. Stattdessen haben Sie zehn Minuten oder auch eine Stunde später plötzlich einen humoristischen Geistesblitz, der mit Sicherheit eingeschlagen hätte. Womit wir auch schon beim Thema wären: Wie ist das mit der eigenen Schlagfertigkeit? Handelt es sich dabei um ein angeborenes Talent, das wir – sofern wir vom Schicksal begünstigt sind – besitzen, oder eben nicht? Ja und nein!

Es gibt Menschen, die müssen sich Schlagfertigkeit erarbeiten und es gibt welche, die haben die Schlagfertigkeit mit der Muttermilch aufgesogen. Für letztgenannte Kategorie ist Comedienne Anke Engelke ein Paradebeispiel. Mit ihr führte ich ein Interview zum Thema »Muttertag« und ich machte mir bei der Konzeption des Gesprächs im Vorfeld viele Gedanken. Dies hätte ich mir jedoch leicht sparen können, zumal Anke Engelke mir in der Mitte des Interviews komplett das Heft aus der Hand nahm und mich fragte, ob ich schon mal daran gedacht hätte, Frauenkleider zu tragen – verbunden mit dem Hinweis, ich solle mich von einem männlichen Namen wie »Paul Johannes« nicht irritieren lassen. Auch ich hätte weibliche Gene in meinem Körper.

Schlagfertigkeit ist erlernbar

Wenn Sie das Schlagfertigkeits-Gen nicht in Ihren Erbanlagen tragen, darf ich Sie beruhigen mit einem Zitat von Showmaster Rudi Carrell: »Witze kann man nur dann aus dem Ärmel schütteln, wenn man sie vorher hineingesteckt hat«. Das bedeutet, Schlagfertigkeit ist erlernbar, denn letztendlich ist Schlagfertigkeit nichts anderes als eine Empfindung Ihres Gegenübers. Sie werden als schlagfertig *empfunden*. Wie spontan das Ganze ist, spielt keine Rolle.

Für den Kommunikationsalltag lässt sich dies wunderbar nutzen: Sollten Sie mal wieder im Nachhinein einen Geistesblitz für eine gute Pointe haben, dann notieren Sie sich diese. Legen Sie sich eine richtige Bibliothek an guten Sprüchen, Antworten, Pointen an. Quell dieser Sammlung können Sie selbst sein oder Ihre Kollegen, Sie können sich Input aus Zeitungen, dem Fernsehen, dem Radio oder dem Internet holen. Wichtig ist nur, dass Sie gute Pointen sammeln und immer wieder darin schmökern. In der nächsten vergleichbaren Situation werden Sie dann eine dieser Bemerkungen parat haben und einen Treffer landen.

Trauen Sie sich – Ihr Mut wird belohnt!

Welche Fragen und Kommentare höre ich Ihrer Meinung nach am häufigsten? Ich verrate es Ihnen. Auf Platz eins meiner persönlichen Hitliste findet sich der wohl meistgehörte Satz meines Lebens: »Ich hab Dich neulich im Radio gehört.« Meine bevorzugte Reaktion: »Ach, DU warst das!« Zum Zeitpunkt der Veröffentlichung dieses Buchs hören pro durchschnittliche Sendestunde knapp 1 Million Hörer meine Sendung.

Oder ein anderes Beispiel: Einer meiner persönlichen Lieblingsdialoge ereignete sich in einem Restaurant in München. Nach einer Sendung ging ich dorthin, las die Speisekarte und als die Bedienung kam, fragte ich sie: »Na, was kannst du mir denn empfehlen?« Ihre Antwort, wie aus der Pistole geschossen: »Ein anderes Restaurant!« Keine Ahnung, wie oft sie diesen Pfeil schon abgefeuert hatte, aber bei mir löst dieser Spruch noch heute einen spontanen Heiterkeitsanfall aus.

Aus dem Nähkästchen

Wenn es um das Thema Schlagfertigkeit geht, fällt mir paradoxerweise als Allererstes eine Begebenheit ein, bei der ich eine Menge dafür gegeben hätte, eine schlagfertige Antwort parat zu haben, aber leider zu verblüfft war. Geschafft hat das Barbara Schöneberger, die ich interviewen durfte. Vor dem Gespräch hatte mich einer meiner Kollegen der Künstlerin listigerweise als »hoffnungsvolle Nachwuchskraft« vorgestellt. Dem folgte ein mehr als unterhaltsames 15-Minuten-Interview, nach welchem sie zu mir kam, mir auf die Schulter klopfte und sagte: »Also dafür, dass Sie das noch nicht so lange machen, war das echt gut«. Ein wirklich nettes Kompliment – hätte ich zu diesem Zeitpunkt nicht bereits 14 Jahre bei Antenne Bayern und insgesamt 17 Jahre beim Radio verbracht!

Also: Halten Sie gelungene Kommentare oder eine lustige Anekdote, die Ihnen zu einem bestimmten Stichwort einfallen, nicht zurück – außer natürlich, sie erscheinen Ihnen in der betreffenden Situation unangemessen. Sie können nur gewinnen und werden mit der Zeit ein immer besseres Gespür für Ihre eigene Schlagfertigkeit bekommen. Das heißt: Je mehr positive Erfahrungen Sie machen, desto besser werden Sie darin, schlagfertig und überraschend zu kommunizieren. Vergessen Sie dabei nicht, dass Humor und Schlagfertigkeit nur dann funktionieren, wenn sie natürlich und spontan sind und zu Ihnen passen. Finden Sie also heraus, was Sie selbst komisch finden, denn wer sich selbst gut kennt – auch was den eigenen Humor angeht – tritt auch in Kommunikationssituationen sicherer auf.

Nett kontern – humorvoll und kreativ

Humorvoll zu reagieren, bewährt sich übrigens auch, wenn der Gesprächspartner, den Sie überzeugen und gewinnen wollen, kleine verbale Pfeile in Ihre Richtung abschießt, um Sie zu testen oder um Sie ein wenig aus der Reserve zu locken. Nichts wirkt in so einem Moment souveräner und selbstsicherer, als charmant und humorvoll zu parieren. Einer möglichen ernsten Kritik ist damit der Wind aus den Segeln genommen und das Gesprächsklima bleibt nach wie vor entspannt und positiv.

Das wahrscheinlich einfachste Schlagfertigkeitstraining der Welt

BAUMGARTNERS TRICKKISTE

Sie wollen schlagfertiger werden? Dann üben Sie den klassischen »Dreischritt« der Schlagfertigkeit immer und immer wieder. Denn: Nur Übung macht den Meister!

Schritt 1: Suchen Sie sich eine Situation aus, die sich in Ihrem Alltag häufig wiederholt, und in der Sie sich schon öfter gewünscht hätten, eine originelle Antwort, Bemerkung oder Anekdote parat zu haben.

Schritt 2: Setzen Sie sich hin und überlegen Sie sich eine oder sogar mehrere passende humorvolle Kommentare. Sie haben jetzt alle Zeit der Welt. Vielleicht lassen Sie sich dabei auch von Ihrer Lieblings-Sitcom oder von einem Comedian, den Sie besonders mögen, inspirieren. Wichtig: Formulieren Sie Ihre Worte ganz konkret und sprechen Sie sie gedanklich mit, so bleiben sie Ihnen besser im Gedächtnis haften.

Schritt 3: Wenn Ihre Stunde und die entsprechende Situation wiederkehrt: Zögern Sie keine Sekunde! Tun Sie es! Spruch raus, Treffer, versenkt.

»Sagen Sie doch auch ein paar Worte« – Das 1 x 1 der Stegreifrede

Lassen Sie einmal alle Situationen im Geiste Revue passieren, in denen es Ihnen darum ging, jemanden zu begeistern, zu überzeugen und für sich oder Ihre Idee zu gewinnen. Überlegen Sie einmal: Hatten Sie dabei jedes Mal die Möglichkeit, sich ausführlich auf dieses Gespräch, diesen Vortrag oder diese Rede bzw. Präsentation vorzubereiten? Wahrscheinlich nicht, wenn Sie ehrlich sind.

Oft genug werden wir sprichwörtlich ins kalte Wasser geworfen. Da ergibt sich plötzlich die lang ersehnte Gelegenheit, mit dem Chef über eine Gehaltserhöhung zu sprechen. Völlig unerwartet trifft man im Café auf seinen Traummann oder seine Traumfrau. Oder Sie müssen wegen eines vorverlegten Termins ein Verhandlungsgespräch sozusagen »improvisieren«. Ihre erste Reaktion? Mit Sicherheit ein kleiner oder größerer

Anflug von Panik angesichts dieser unvermittelten Herausforderung. Diese Reaktion ist ganz normal und niemand ist vor ihr gefeit. Ihre zweite Reaktion ist dann vermutlich ein lautes Rattern. Warum? Weil sich die Zahnräder in Ihrem Kopf schlagartig in Bewegung setzen und innerhalb von Sekunden auf Hochtouren arbeiten. »Was sage ich nur? Womit fange ich am besten an? Wie gehe ich am geschicktesten vor?«

Die wichtigste Regel in so einem Moment lautet: Machen Sie sich nicht verrückt. Egal, ob im Job oder im privaten Bereich – spontan einen kurzen Vortrag, eine Präsentation oder eine kleine Rede zu halten, fällt niemandem leicht und versetzt fast jeden in Aufregung. Mit ein paar einfachen Hilfsmitteln, Tipps und Tricks lassen sich solche Situationen aber mühelos meistern.

Eine überzeugende Stegreifrede? So geht's!

An erster Stelle steht die Aufgabe, sich in Sekundenschnelle zu ordnen. Denn mit einer einfachen und klaren Struktur können auch Argumente, die in kürzester Zeit gesammelt wurden, überzeugend wirken. Warum der Aufbau einer Argumentation oder Präsentation so entscheidend ist, liegt auf der Hand. Schließlich kann Ihr Gegenüber nur das verstehen, was auch verständlich und übersichtlich vermittelt wird. Und wer lässt sich schon von etwas überzeugen, das er nicht versteht? Stellt sich die Frage: Wann sollen wir uns eine solche Gliederung überlegen, wenn wir ohne Vorwarnung »auf die Bühne gestellt werden«? Auf diese Frage gibt es nur eine Antwort: Jetzt, indem Sie aufmerksam die nächsten Zeilen lesen.

Kernaussage first!

Damit Ihre Zuhörer bei Ihrer Spontanrede wissen, was sie erwarten wird, geben Sie ihnen ein Zuhause. Das heißt, erwähnen Sie gleich zu Beginn, worauf Sie hinauswollen. Die Kernaussage an den Anfang zu stellen und als Einstieg zu benutzen, besitzt außerdem einen klaren Vorteil: Wer das Fazit eines Gesprächs oder Vortrags bereits kennt, wird den einzelnen Argumenten und Schlussfolgerungen aufmerksamer folgen und kann diese außerdem deutlich besser beurteilen. Vor allem, wenn sie in Form einer klaren und logischen Gliederung vorgestellt werden. Als Schablone eignet sich hierfür in der Regel eine von drei klassischen Strukturen – welche davon die optimale ist, ergibt sich meist aus dem jeweiligen Thema.

Die Drei wird's richten

Die einfachste Struktur – und daher gerade bei Stegreifreden die meistgewählte – ist die **Aufzählung** mehrerer gleichrangiger Argumente. Trotz oder vielleicht dank seiner einfachen und klaren Form kann dieses Modell einen kompetenten und überzeugenden Eindruck vermitteln. Entscheidend trägt dazu auch die deutliche Gliederung auf sprachlicher Ebene bei, zum Beispiel durch »ersten, zweitens, drittens« oder Ähnliches.

Möglichkeit Nummer zwei: Die **chronologische Gliederung**, die es dem anderen ermöglicht, eine dargestellte Entwicklung scheinbar im Schnelldurchlauf mitzuerleben. Gerne wird diese Gliederungsform gewählt, um die Darstellung der vergangenen sowie der gegenwärtigen Situation den künftigen Zielvorstellungen voranzustellen.

Eine echte Herausforderung für die Vortragsstruktur – besonders bei einer Stegreifrede – ist ohne Zweifel die **Pro-und-Kontra-Argumentation**. Wenn sie jedoch zum Thema passt und die aufgeführten Aspekte gleichrangig behandelt, gewinnt ein spontaner Vortrag damit viel an Überzeugungskraft. Denn indem Sie auch negative Argumente aufgreifen, stellen Sie sich als kompetenter und glaubwürdiger Problemlöser dar.

Nachfolgend finden Sie verschiedene Lösungen, die Sie sich am besten immer wieder verinnerlichen. Es empfiehlt sich, Ihre Favoriten herauszusuchen, welche Sie dann für eine spontane Präsentation immer in Ihrem mentalen Werkzeugkasten mit sich führen.

Beispielsweise übt die Zahl drei eine magische Wirkung auf Vertriebsleute aus und gerade in Verkaufsschulungen wird die Drei oft als optimale Auswahlgröße genannt. Im alten Ägypten galt das Dreieck als heilig. Auch Numerologen schwärmen von der Zahl drei und deuten sie als »Symbol für die Dreiheit der Schöpfung«, also zum Beispiel »Vergangenheit, Gegenwart, Zukunft«. Weiter erklären sie, die Drei sei Ausdruck von Persönlichkeit. Aus dem Märchen kennen wir die drei Wünsche und bei Rätseln darf man drei Mal raten. Und es heißt ja sogar sprichwörtlich: »Aller guten Dinge sind drei!« Letztlich ist auch unser Gehirn – vereinfacht ausgedrückt – in drei Bereiche eingeteilt: Stamm-/Kleinhirn, limbisches System und Cortex/Neocortex.

Nun denn, wenn die »Drei« schon so faszinierend ist, dann sollten wir sie auch sinnvoll nutzen! Schaffen Sie also eine simple Dreierstruktur für Ihre Spontan- bzw. Stegreifreden. Und so kann das Gerüst aussehen:

A) Gestern – Heute – Morgen
1. Gestern – wurden wir noch belächelt.
2. Heute – werden wir wahrgenommen.
3. Morgen – wird sich die Konkurrenz warm anziehen müssen.

B) Vorher – Jetzt – In Zukunft
1. Vorher – hieß es immer, wir würden das Projekt nicht stemmen.
2. Jetzt – klopfen uns alle auf die Schulter und fragen: »Wie habt Ihr das nur geschafft?«
3. In Zukunft – werden wir uns von niemandem mehr verunsichern lassen und konsequent unseren Weg gehen.

C) Früher – Heutzutage – Künftig
1. Früher – ist man noch mit der Pferdekutsche durch die Stadt gefahren.
2. Heutzutage – geht das sehr bequem mit dem Auto.
3. Künftig – werden wir schweben und unsere Technologie wird ganz vorne mit dabei sein!

Richtig sprechen – auch bei Stegreifreden

BAUMGARTNERS TRICKKISTE

Je weniger Zeit wir haben, überzeugende Argumente zu erarbeiten und vorzubereiten, desto mehr kommt es auf die Sprache an. Folgende Sprachtipps sollten Sie deswegen bei Stegreifreden beherzigen:

- Sprechen Sie nicht zu schnell! Je langsamer Sie reden, desto mehr Zeit gewinnen Sie, Ihre Gedanken zu ordnen und zu formulieren.
- Benutzen Sie möglichst **viele Verben** und möglichst wenige Substantive. So werden Ihre Botschaften automatisch lebendiger.
- Vermeiden Sie Passivkonstruktionen und Hilfsverben wie *müssen, können, sollen.* Drücken Sie sich stattdessen immer **klar, direkt und aktiv** aus!
- Vermeiden Sie allgemeine Beschreibungen und formulieren Sie immer **möglichst konkret.** Ihre Zuhörer können sich auf diese Weise ein viel besseres Bild des Gesagten machen.
- **Vermeiden Sie Füllwörter** und »Weichmacher« wie *also, eigentlich, einfach, ganz, halt, immer, sehr.*
- Fangen Sie eine Rede niemals mit »*Also*«, »*Nun*«, »*So*« oder »*Tja*« an. Das klingt unbeholfen. **Danken Sie** stattdessen Ihrem Vorredner und legen Sie einfach mit Ihrer Kernaussage los.
- **Vermeiden Sie** überflüssige **Konjunktive** wie *könnte, sollte, müsste* usw.
- Verwenden Sie **keine allgemeine Ansprache.** Verwenden Sie statt »*man*« die Anrede »*Sie*«.
- Bleiben Sie **ruhig stehen.** Zuviel Rumtänzelei macht Ihr Publikum nervös.
- Achten Sie auf Ihre **Mimik** und Ihre **Gesten.**
- Verwenden Sie **Anekdoten** – sie sind das Salz in der Suppe.

D) Erstens – Zweitens – Drittens

1. Erstens – hat meine Idee den Vorteil, dass ...
2. Zweitens – kann man mit meiner Idee ...
3. Drittens – wird meine Idee ...

E) Pro – Kontra – Meine Meinung

1. Pro – Das spricht für den Vorschlag!
2. Kontra – Das spricht gegen den Vorschlag!
3. Meine Meinung – Ich finde, wir sollten ...

Körpersprach

Authentizität

Be different

Sie sind ein Gewinner

BEGEISTERN UND GEWINNEN FÜR FORT-GESCHRITTENE

Neben unseren verbalen Fähigkeiten gilt es auch, unsere nonverbale Wirkung zu optimieren, um andere für uns zu gewinnen. Eine authentische und souveräne Körpersprache und unsere persönlichen Besonderheiten, die uns von anderen unterscheiden, können ausschlaggebend für den Erfolg eines Gesprächs sein.

Vorsprung durch Vorbereitung: Showprep

Was haben Gewinnertypen, sei es in sportlichen, beruflichen oder privaten »Disziplinen«, gemeinsam? Sind sie besonders talentiert, besonders intelligent oder besonders beliebt? Schon möglich, und mit Sicherheit haben diese Stärken Anteil an ihrem Erfolg. Die meisten verbindet jedoch eines: ihr Vorsprung. Immer einen Schritt voraus zu sein, etwas zu wissen, was der andere noch nicht weiß und entsprechend spontan und überzeugend agieren und reagieren zu können, ist das wahre Geheimnis des Erfolgs.

In unserem Fall lautet die Devise daher: Vorsprung durch Wissen! Oder besser gesagt: Vorsprung durch Vorbereitung! Denn genau dadurch entsteht ein Wissensvorsprung. Und zudem gibt es keine bessere Methode, jemanden zu überzeugen und zu begeistern, als ihm das Gefühl zu vermitteln, dass wir uns ernsthaft für ihn interessieren und mit ganzem Herzen bei der Sache sind. Um das zu lernen, sollten Sie sich ein neues Hobby zulegen: **Showprep!** Wahrscheinlich können Sie mit dem Begriff noch nichts anfangen, es sei denn, Sie sprechen »Radiodeutsch«.

»Showprep« bedeutet in Bezug auf eine Radiosendung nichts anderes als »Sendungsvorbereitung« und beschreibt alle vorbereitenden Tätigkeiten im Vorfeld der »Show«. In der Showprep-Phase bereiten Moderatoren und Redakteure die Interviews vor, machen sich mit der Nachrichtenlage vertraut, recherchieren Themen, bereiten Moderationen und Pointen vor und sammeln Informationen über ihre Gesprächspartner. Wenn Sie jemanden für sich gewinnen wollen, liegt in einer guten Showprep Ihr Schlüssel zum Erfolg und Ihre wichtigste Aufgabe, bevor Sie einen Menschen zum Gespräch treffen. Ob es sich dabei um einen beruflichen Termin, die »Verhandlungen« über das nächste gemeinsame Urlaubsziel im Familienrat, ein erstes Date mit der neuen Traumfrau bzw. dem neuen Traummann oder ein anderes Thema handelt, spielt hier keine Rolle. Übersetzen wir »Showprep« für unsere Zwecke also mit dem Begriff »Gesprächsvorbereitung« und schauen wir uns diesen entscheidenden Aspekt einmal genauer an.

Showprep bringt's

Sie möchten wissen, welche Vorteile eine gründliche Gesprächsvorbereitung konkret mit sich bringt? Die Antwort bekommen Sie von François Truffaut, einem der bekanntesten und wichtigsten französischen Kinoregisseure. Er erklärt: »Improvisation ist, wenn niemand die Vorbereitung merkt.«

Diese scheinbar paradoxe Aussage bringt es auf denkbar einfache Weise auf den Punkt: Je besser wir auf eine Situation vorbereitet sind und je intensiver wir uns bereits vorab mit den zu erwartenden inhaltlichen Fragen auseinandergesetzt haben, desto sicherer sind wir. Und selbst wenn das Gespräch eine unvorhergesehene Richtung einschlägt, können wir nach wie vor locker, spontan und flexibel kommunizieren.

Jeder weiß aus eigener Erfahrung, dass ein gutes und souveränes Auftreten vor allem mit Selbstsicherheit zu tun hat. Und sicher fühlen wir uns vor allem dann, wenn wir auf eine Situation vorbereitet sind. Eine gründliche Vorbereitung lohnt sich daher gleich mehrfach und wirkt sich nicht nur auf Ihre Gesprächskompetenz, sondern auch auf Ihren Gesprächspartner und die Stimmung im Allgemeinen aus. Je mehr Wissen Sie bereits in ein Gespräch mitbringen, desto kompetenter und souveräner wirken Sie auf den anderen – ein Effekt, der enorm dazu beiträgt, andere zu überzeugen und zu gewinnen.

Durch eine gründliche Vorbereitung signalisieren Sie Ihrem Gegenüber außerdem, dass Sie wirklich an ihm und dem Thema des Gesprächs interessiert sind. Dadurch verhalten Sie sich dem anderen gegenüber respektvoll, engagiert, einfühlsam und somit auch sympathisch – eine ideale Voraussetzung, um auf der Beziehungsebene zu punkten, denn der andere fühlt sich zu 100 Prozent ernst genommen.

Je intensiver Sie sich im Vorfeld mit einem wichtigen Gespräch beschäftigen, desto klarer sehen Sie auch Ihr Gesprächsziel vor Augen und desto fokussierter können Sie daran gehen, es zu erreichen. Sind Sie dagegen unvorbereitet, geraten Sie leichter »ins Schwimmen« und verlieren unter Umständen Ihr angestrebtes Gesprächsergebnis aus den Augen.

Wer gute Vorarbeit leistet, behält automatisch auch bei der Gesprächsführung die Fäden in der Hand. Setzen Sie sich nämlich schon im Vorfeld detailliert mit dem Gespräch auseinander, können Sie eine Art Ideallinie festlegen, die den Gesprächsverlauf im günstigsten Fall bestimmt. Je konkreter Sie diese Route vorab bestimmen, desto eher werden Sie auch auf dem rechten Weg bleiben. Kleinere Umwege oder Umleitungen bringen Sie aber auch nicht aus dem Konzept, wenn Sie Start- und Endpunkt des Kurses vorher genau bestimmt haben. Unterscheiden Sie bei Ihren Gesprächsvorbereitungen künftig zwischen inhaltlichem und persönlichem Showprep.

Showprep – inhaltlich

An erster Stelle Ihrer Aufgabenliste als »Show-Präparator« steht die inhaltliche Vorbereitung, ohne die Sie nicht zielgerichtet handeln können. Das heißt, Sie brauchen möglichst viele Fakten und Informationen zu dem jeweiligen Thema, um sich ein stabiles Wissensfundament zu schaffen. Recherchieren Sie so intensiv wie möglich und sammeln Sie so viel Material, wie Sie nur kriegen können. Denn bevor Sie in ein Gespräch gehen, sollten Sie in der Lage sein, mindestens folgende Fragen zu beantworten:

- Was genau ist mein Ziel?
- Was will ich in diesem Gespräch erreichen?
- Wofür will ich den anderen gewinnen?
- Was genau will ich in Erfahrung bringen, lernen und herausfinden?
- Was genau will ich bewirken?

Nutzen Sie Ihr Vorwissen außerdem, um innerlich bereits Argumente zu formulieren, die Ihnen eventuell nützlich sein können. Das heißt nicht, dass Sie im Vorfeld Aussagen und Begründungen auswendig lernen. Sie sollen nur für mögliche Eventualitäten gewappnet sein, indem Sie sich vorher beispielsweise überlegen, welche Zweifel, Einwände oder Gegenargumente Ihr Gesprächspartner haben könnte und sich dementsprechend überzeugende Antworten zurechtlegen.

Showprep – persönlich

Sich gründlich und fundiert auf den Gesprächsinhalt vorzubereiten, ist ein grundlegender und notwendiger Arbeitsschritt. Extrapunkte bekommen Sie, wenn Sie sich auch ebenso sorgfältig auf Ihren Gesprächspartner als Person einstellen. Das heißt, wenn Sie den anderen im Vorfeld genauso interessiert und detailliert studieren und ergründen, wie die zu erwartenden Gesprächsinhalte.

Faktisch und inhaltlich vorbereitet zu sein, lässt Sie souverän und kompetent erscheinen und gibt Ihnen das gute und sichere Gefühl, fundiertes Wissen in der Hinterhand zu haben. Outen Sie sich aber im Gespräch zudem als Experte, was Ihr Gegenüber anbetrifft, haben Sie den anderen schon so gut wie gewonnen. Denn mal ehrlich: Fühlen Sie sich nicht auch unheimlich geschmeichelt, wenn jemand Kleinigkeiten über Sie weiß, sich also offenbar eingehend mit Ihnen beschäftigt hat? Sicher! Und warum sollten wir diesen Effekt nicht für unsere Zwecke nutzen?

Mein Tipp: Bereiten Sie sich künftig gewissenhaft auf Ihren Gesprächspartner vor, auf ihn als Person. Das bedeutet natürlich nicht, dass Sie vor jedem wichtigen Gespräch einen Privatdetektiv damit beauftragen, etwas über Ihren Gesprächspartner herauszufinden. Es genügt völlig, ein bisschen im Internet zu recherchieren oder sich ein wenig umzuhören. Schließlich soll Ihr Gegenüber sich nicht komplett durchschaut, sondern lediglich interessant und geschmeichelt fühlen. Nützliche und spannende Informationen über eine Person sind beispielsweise:

- Was sind seine Hobbys? Hat er schon mal etwas Herausragendes geleistet? Ist er zum Beispiel einen Marathon gelaufen oder hat er die Welt umsegelt?

Tipp!

Einen positiven Gesprächseffekt erzielen Sie übrigens, indem Sie Ihren Gesprächspartner immer wieder mit seinem Namen anstatt nur mit »Sie« ansprechen. So bekommt Ihr Gegenüber das Gefühl, dass es Ihnen wirklich um ihn geht. Wichtig ist dabei nur: Übertreiben Sie es nicht!

- Engagiert er sich für soziale Projekte?
- Hat er einen außergewöhnlichen Werdegang à la »vom Tellerwäscher zum Millionär«?
- Ist er Fan eines bestimmten Sportclubs?
- Hat er besondere Passionen wie zum Beispiel Weine, Zigarren oder Autos?
- Gab es in jüngster Zeit eine größere Veränderung in seinem Leben, einen Orts- oder Jobwechsel, Heirat, Nachwuchs, eine Beförderung, eine Auszeichnung oder Ähnliches?

All das sind Informationen, die nicht zu sehr in die Privatsphäre Ihres Gesprächspartners eingreifen und höchstwahrscheinlich auch kein Geheimnis sind, Ihnen aber einen ganz entscheidenden Vorsprung verschaffen, der Ihnen dabei hilft, Ihr Gegenüber genau dahin zu bringen, wo Sie es haben wollen.

Erstens können Sie den anderen durch Ihre Kenntnis seiner Person ein wenig verblüffen. Zweitens wird Ihnen dieses Wissen dabei helfen, Ihr Gegenüber besser einzuschätzen und sich ein genaueres Bild von ihm zu machen. Der dritte Vorteil ist, dass Ihnen plötzlich kein Unbekannter mehr gegenübersitzt, der Ihnen gänzlich fremd ist, sondern jemand, den Sie glauben zu »kennen«. Und zu guter Letzt legen Sie mit Ihrem Wissen bereits den Grundstein für einen erfolgreichen Smalltalk, weil Sie wissen, was Ihr Gegenüber gern tut und mag.

Eine der wichtigsten Information, die Sie über den anderen einholen sollten, wird Ihnen vielleicht banal vorkommen, ist aber von unvergleichlicher Bedeutung: der Name. Ganz richtig: Wenn etwas eine absolut genaue Recherche verlangt, dann die Frage nach dem korrekten Namen. Warum? Ganz einfach: Weil vermutlich nichts peinlicher und für Ihren Gesprächserfolg kontraproduktiver ist, als die Verwendung des falschen oder »halbrichtigen« Namens. Wer Schumacher statt Schumann genannt, nur mit einer Hälfte seines Doppelnamens oder ohne einen vorhandenen Titel angesprochen wird, fühlt sich nicht gerade hofiert, sondern vielmehr austauschbar. Im schlimmsten Fall ist er sogar ernsthaft beleidigt – und Ihre Aussicht, ein gewinnbringendes Gespräch zu führen, ist beim Teufel. Seien Sie deshalb gerade bei Namen übergenau und gehen Sie auf Nummer sicher.

Showprep – rechtzeitig

Was Ihre Vorbereitung in Bezug auf die Person betrifft, die Sie gewinnen wollen, lautet das Gebot eindeutig: »Mehr ist mehr.« Ross Britain, eine amerikanische Radiomoderatoren-Legende, hat einmal treffend formuliert: »Overprep the day beforee.« In dieser Aufforderung stecken zwei entscheidende Erkenntnisse:

»Overprep« – Übervorbereitung: Holen Sie sich so viele Informationen über Ihr Gegenüber, wie Sie nur können – selbst wenn Sie später nur einen Bruchteil davon brauchen.

»The day before« – rechtzeitig: Informieren Sie sich unbedingt rechtzeitig und vorab über Ihren Gesprächspartner. Wenn Sie bereits im Gespräch sitzen und verzweifelt überlegen müssen: »Marathon oder Bergsteigen? Was könnte es nochmal gewesen sein?«, dann war Ihr Showprep nicht professionell und wirkungsvoll genug. Denken Sie daran: Noah hat seine Arche auch gebaut, *bevor* es zu regnen begann.

Aus dem Nähkästchen

Wie sehr gutes und vor allem persönliches Showprep über den Erfolg eines Gesprächs entscheiden kann, habe ich einmal mehr bei einem wichtigen Interview im Rahmen der Tsunami-Katastrophe Ende 2004 festgestellt.

Im Minutentakt überschlugen sich damals die Horrormeldungen, die Opferzahlen wurden immer größer und immer häufiger fiel der Ortsname Khao Lak. Dort seien, wie es hieß, viele deutsche Urlauber gewesen und der Ort sei dem Erdboden gleichgemacht worden. Von einem der komplett zerstörten Hotels war der Mutterkonzern in Deutschland angesiedelt und mit dem Pressesprecher dieser Hotelgruppe sollte ich ein Interview führen und nachfragen, was vor Ort in Khao Lak passiert war.

Da ich mir vorstellen konnte, dass eine solche Situation auch für einen Pressesprecher alles andere als einfach war, habe ich ein wenig recherchiert und in Erfahrung gebracht, dass der Mann seinen Job gerade erst wenige Wochen vor diesem Jahrhundertunglück neu angetreten hatte.

Als ich ihn anrief, ließ ich dieses Wissen in meine Begrüßung einfließen: »Hallo, hier ist Paul Johannes Baumgartner, vielen Dank, dass Sie uns ein Interview geben. Ich kann mir vorstellen, dass Sie sich Ihren Einstieg bei Ihrer neuen Arbeitsstelle auch leichter vorgestellt haben.« Damit hatte ich persönliches Interesse gezeigt und sofort eine emotionale und menschliche Gesprächsebene mit meinem Gegenüber hergestellt.

Grazie entsteht durch Reduzierung und Redundanz

Nun haben Sie also den Unterschied zwischen inhaltlicher und persönlicher Showprep kennengelernt. Bevor Sie jetzt in das Gespräch gehen, legen Sie Ihre Inhalte, über die Sie sprechen möchten, noch einmal auf die Waagschale: Sind es die richtigen, also wirklich wichtigen Themen, über die Sie sprechen möchten? Was ist Ihre Kernbotschaft? Können Sie auf ein Detail oder einen Aspekt verzichten, weil er von der Wertigkeit her niedriger einzustufen ist und vielleicht Ihr Hauptanliegen aufweicht?

Wenn Sie die inhaltlichen und sachlichen Eckpunkte Ihres Gesprächs festlegen, sollten Sie eine wichtige Regel beherzigen: **Weniger ist mehr!** Wenn Sie Ihr Gegenüber wirklich überzeugen wollen, sollten Sie Ihre Inhalte grundsätzlich auf das Wesentliche reduzieren. Die Gründe: Zum einen zeigt die Erfahrung, dass während eines Gesprächs fast immer zusätzliche, unvorhergesehene Aspekte auftauchen. Haben Sie nun selbst schon sehr viele Punkte eingeplant, droht Ihrem Gespräch irgendwann die Zeit davonzulaufen, was meist zu einem hastigen und für beide Seiten unbefriedigenden Ende führt. Haben Sie hingegen nur wenige, aber essenzielle Inhalte und konzentrieren sich auf das Wichtigste, dann bleiben Ihnen zeitliche Spielräume und Sie können wirken. Dies beruht auf einem einfachen Grundsatz: Wirkung entsteht immer durch Raum.

Zum anderen dürfen Sie nie vergessen, dass der menschlichen Aufnahme- und Konzentrationsfähigkeit Grenzen gesetzt sind. Die Gehirnforschung belegt, dass der Mensch durchschnittlich nur sieben Informationen im Kurzzeitgedächtnis behalten kann, der Rest prallt von ihm ab und findet schlichtweg keinen Zugang zum Gehirn. Das bedeutet also unter Umständen: Wenn Ihre wichtigste Information unglücklicherweise die Rückennummer acht trägt, wird sie bei Ihrem Gesprächspartner schon kein Gehör mehr finden.

Vergessen ist nichts anderes als ein Überlastungsschutz unseres Gehirns. Würde der Mensch alle Informationen speichern, die sekündlich auf ihn einprasseln, würde er in dieser Flut förmlich ertrinken. Daher selektiert das Gehirn innerhalb eines Bruchteils einer Sekunde zwischen »wichtig« und »unwichtig«. Dinge, die als unwichtig empfunden wurden, werden nicht in die nächste Gedächtnisstufe übernommen und gehen daher verloren. Sie tropfen ab wie Öl an einer Teflonbeschichtung. Faktoren, die das Vergessen begünstigen, sind Stress, Schlaflosigkeit, zu wenig Flüssigkeit und Lärm.

Und noch etwas haben Hirnforscher herausgefunden: Der Mensch kann sich nicht nur eine begrenzte Anzahl von Informationen merken, zudem beginnt er bereits nach 20 Sekunden, die erhaltenen Informationen wieder zu vergessen. Eine Tatsache, derer sich der deutsche Psychologe Hermann Ebbinghaus bewusst war; mit seiner Vergessenskurve zeigt er uns auch, wie wir diesem Informationsverfall begegnen können.

Die Vergessenskurve veranschaulicht, wie lange der Mensch neu Gelerntes behält und wie viel Prozent er im Lauf der Zeit wieder vergisst. Ebbinghaus hat herausgefunden, dass wir bereits 20 Minuten, nachdem wir etwas gehört und gelernt haben, nur noch knapp 60 Prozent des Inhalts abrufen können. Nach einer Stunde sind es nur noch ca. 45 Prozent und nach einem ganzen Tag sind sogar nur noch 34 Prozent des Gelernten im Gedächtnis. Sechs Tage nach dem Lernen haben wir nur noch 23 Prozent behalten und dauerhaft werden nur 15 Prozent des Erlernten gespeichert.

Außerdem hat Ebbinghaus festgestellt, dass wir diesen Vergessensprozess stoppen können, indem wir die Inhalte mehrfach wiederholen. Spätestens an dieser Stelle wird Sie ein freudiger Schauer ereilen: Richtig, so haben Sie für die Schule gelernt! Die Amerikaner sprechen in diesem Zusammenhang auch von »Hammer home your keypoints!«,

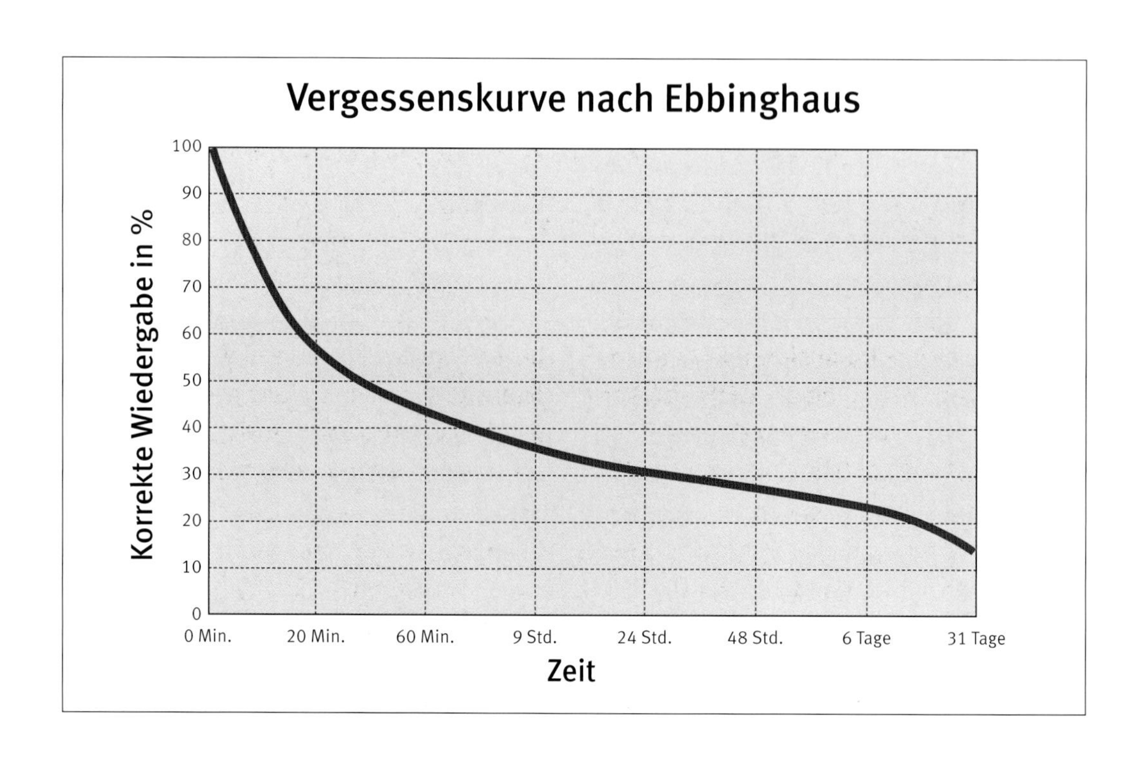

also: »Hämmern Sie Ihre Botschaft so lange durch die Gegend, bis sie zuhause ist.« Wenn Sie nun jemanden begeistern und von etwas überzeugen wollen, sorgen Sie dafür, dass Ihre zentrale Botschaft oder ein einprägsames Bild langfristig auf der Festplatte Ihres Gegenübers abgespeichert wird. Sie müssen nur die zwei entscheidenden Regeln der Reduzierung und Redundanz beherzigen:

1. Beschränken Sie sich auf das Wesentliche. Je weniger Informationen Sie geben, desto leichter kann sich Ihr Gesprächspartner diese merken. Ihr Gesprächsplan sollte maximal sieben Punkte umfassen – besser sind meiner Erfahrung nach drei.
2. Wiederholen Sie diese Informationen in sozial verträglichen Abständen. Nur so verankern Sie Ihre Botschaft im Kopf Ihres Gegenübers. Und was ist ein sozial verträglicher Abstand? Geben Sie zum Beispiel bei einer Präsentation, die 60 Minuten dauert, gleich zu Beginn einen knackigen Überblick über die Inhalte bzw. Themen, über die Sie sprechen werden. Nach 30 Minuten legen Sie eine kurze »Was bisher geschah...«-Runde ein und am Ende der 60 Minuten überreichen Sie ein Papier – ein sogenanntes »Handout« –, auf dem die wichtigsten Botschaften noch einmal zusammengefasst sind.

Lampenfieber – treten Sie ein in die Fraktion der Entspannten

Stellen Sie sich vor, Sie sitzen im Auto und sind auf dem Weg zu einem wichtigen Vorstellungsgespräch oder einer Feier, auf der Sie eine kleine Rede halten sollen. Je näher Sie an den Zielort kommen, desto mehr wächst der Druck, den Sie auf Ihrem Brustkorb spüren, Ihre Hände fangen an zu schwitzen, Ihr Atem wird schneller und in Ihrem Gesicht fühlen Sie Wärme aufsteigen – typische Symptome für Nervosität, oder besser gesagt: Lampenfieber. Kurz vor Ihrem Auftritt dann weitere Anzeichen: Stotterstimme, trockene Kehle, zittrige Knie, Herzrasen, hochroter Kopf, Atemnot ...

Waren ein paar Symptome dabei, die Ihnen bekannt vorkommen? Das Schlimme an Lampenfieber ist, dass man sich so ausgeliefert fühlt! Und sich denkt: »Warum muss ausgerechnet ich mich immer mit diesem

Aus dem Nähkästchen

Dick Cavett, ein früherer US-Talkmaster, gestand in einem Interview, dass er vor jeder Fernsehsendung nervös war – manchmal mehr, manchmal weniger. Sein Rat lautet: Nehmen Sie Lampenfieber nicht so tragisch! Es dringt weniger nach außen, als Sie denken. Und er erklärte: »Sie sollten einfach wissen: Von dem, was Sie fühlen, sieht der Zuschauer nur ein Achtel. Wenn Sie innerlich ein bisschen nervös sind, sieht das kein Mensch. Wenn Sie innerlich sehr nervös sind, sehen Sie nach außen ein bisschen nervös aus. Und wenn Sie innerlich total außer Kontrolle geraten sind, wirken Sie vielleicht ein wenig bekümmert. Nach außen wirkt alles weit weniger krass, als Sie es selbst empfinden. Jeder, der in einer Talkshow erscheint, sollte sich selbst daran erinnern: Das, was er tut, sieht besser aus, als er es empfindet. Ihre Nerven mögen Ihnen tausend Elektroschocks verpassen, der Zuschauer sieht bloß ein paar Zuckungen.«

Lampenfieber rumplagen?« Um zu verdeutlichen, dass Sie mit Ihrem Leid nicht allein sind und sich in bester Gesellschaft mit vielen Menschen befinden, die aufgrund ihres Erfolgs und ihrer Erfahrung von Nervosität eigentlich mittlerweile befreit sein müssten, ein paar Erfahrungsberichte:

Dieter Thomas Heck, die deutsche Fernsehgröße, sagte zum Thema Lampenfieber: »Nichts anderes als Achtung vor dem Publikum«. Kurt Tucholsky, der bedeutende deutsche Schriftsteller, meinte einmal: »Ich sehe diesem Tag mit einigen vollen Hosen entgegen«. Auch der amerikanische Autor Mark Twain fand treffende Worte für das im Englischen »stagefright« genannte Phänomen: »Das menschliche Gehirn ist eine großartige Sache. Es funktioniert vom Moment der Geburt an – bis zu dem Zeitpunkt, wo du aufstehst, um eine Rede zu halten.« Pierce Brosnan konnte vor den Dreharbeiten zu dem Musicalfilm Mamma Mia! nicht schlafen und seine Filmpartnerin Meryl Streep ist nach eigenen Angaben bei jeder neuen Rolle unglaublich nervös. Und auch »American Gigolo« Richard Gere bekennt, dass er immer noch aufgeregt ist, wenn er vor der Kamera oder vor Publikum steht. Rocksänger Peter Maffay verriet, dass er vor Auftritten bis heute feuchte Hände hat. Insgeheim hasst es auch Schauspieler Nicolas Cage, vor Menschen zu stehen und Barbara Streisand, die mittlerweile seit weit mehr als 40 Jahren im Showbusiness tätig ist, muss sich sogar mit Medikamenten behelfen.

Sie sehen also: Sie sind in bester Gesellschaft, wenn Sie Lampenfieber haben – selbst die alten Hasen sind nicht frei davon. Dieses Wissen nimmt Ihnen wahrscheinlich weder die Angst vor diesem Phänomen noch das Lampenfieber selbst, aber es ist sicherlich ein tröstlicher Gedanke, dass auch Profis nicht davon verschont bleiben.

Geheimrezepte gegen Lampenfieber

Ursachen für das Lampenfieber sind ...

- unser angeborener Überlebenswille
- die Angst, sich zu blamieren
- die Angst, von anderen Menschen bewertet zu werden
- die Angst, sich lächerlich zu machen
- die Befürchtung, den Faden zu verlieren bzw. etwas Falsches zu sagen
- oder aber die grundsätzliche Angst vor dem Versagen.

Was passiert bei Lampenfieber in unserem Körper? Einerseits verspüren wir zwar lähmende Angst, andererseits wird aber durch die Steuerzentrale im Gehirn, den Hypothalamus, gleichzeitig ein erhöhter Adrenalinausstoß ausgelöst. Dadurch erhöht sich die Aufmerksamkeit. Lampenfieber hat also sogar eine positive Funktion, denn es wirkt wie ein Aufputschmittel: Sie werden wacher und wirken wesentlich präsenter. Außerdem gewinnen Sie an Charisma und bekommen eine bessere Körperspannung. Ihre Konzentration erhöht sich und Ihre sämtlichen Kraftreserven werden mobilisiert. Kurz: Sie können alles geben!

Achten Sie einmal drauf, wie Sie sich nach einem wichtigen, erfolgreich verlaufenen »Auftritt« fühlen: Erst einmal sind Sie euphorisiert, nach einer gewissen Zeit gehen die Energiereserven jedoch schlagartig in den Keller. Sie haben all Ihre Kraft auf der »Bühne« gelassen. Hier zeigt sich, dass Lampenfieber im Grunde nichts anderes ist als eine verminderte Form von Panik. Menschen können jedoch gerade in Panik enorme Kräfte entwickeln. In extremen Angstsituationen verliert der Mensch nach Expertenangaben sogar die Kontrolle über sich und entwickelt gleichzeitig eine ungewöhnliche und ungeahnte Energie. Die Kräfte können dabei das Normale um das Zwei- bis Dreifache überschreiten.

Mit Nervosität richtig umgehen

BAUMGARTNERS TRICKKISTE

Lampenfieber ist also durchaus willkommen – solange es sich in Grenzen hält. Doch auch, wenn Sie das Gefühl haben, Ihre Nervosität sei zu groß und mache Ihnen das Leben gerade schwer, besteht Hoffnung. Egal ob Herzrasen, Atemnot oder schlotternde Knie – Sie können gegen alle Symptome von Lampenfieber etwas tun und sich bewusst selbst beruhigen. So können Sie mit Ihrem Lampenfieber Frieden schließen:

- Seien Sie sich immer darüber im Klaren, dass Sie die Nervosität nicht einfach wegzaubern können und dass es allen anderen Menschen – und seien sie noch so erfahren und erfolgreich – in vergleichbaren Situationen ebenso ergeht. Es gibt keinen Menschen, der von Lampenfieber frei ist. Behauptet er es dennoch, sagt er nicht die Wahrheit.

- Lassen Sie die Symptome zu, denn wenn Sie sie unterdrücken, verschlimmert das nur Ihre Nervosität. Lampenfieber ist Bestandteil Ihres Auftritts, fertig.
- Bereiten Sie sich mehr als gewissenhaft auf Ihr Gespräch, Ihre Präsentation, Ihre Rede vor. Je besser Sie vorbereitet sind, desto spontaner können Sie nachher sein. Vergleichen Sie Ihren Auftritt mit einer Prüfung während Ihrer Schulzeit: Wenn Sie vor einer Prüfung sagen konnten »Ich habe so viel gelernt wie noch nie, ich habe alles getan, damit ich sie bestehe«, konnten Sie wesentlich befreiter und lockerer in die Prüfung gehen.
- Wenn Sie eine Präsentation oder Rede halten dürfen: Kümmern Sie sich persönlich und rechtzeitig um die Technik (Notebook, Beamer, Audio). Verlassen Sie sich nicht zu 100 Prozent auf andere. Ihr Notebook wäre nicht das erste, das sich mit dem Beamer vor Ort nicht verträgt.
- Ziehen Sie sich fünf Minuten vor Ihrem Auftritt in einen Raum zurück, in dem Sie allein und ungestört sind. Kontrollieren Sie Ihre Atmung und atmen Sie in Ihrer Vorstellung tief in den Bauch. Lassen Sie Ihre Schultern hängen. Nutzen Sie die Macht der Autosuggestion und denken Sie konzentriert an positive Erlebnisse, bei denen Sie zunächst ebenfalls Lampenfieber hatten, dieses aber in den Griff bekamen. Überlegen Sie, warum Sie es bewältigten und verstärken Sie diesen Eindruck noch einmal innerlich.
- Sagen Sie NIE zu Beginn eines Vortrags, einer Rede oder einer Präsentation, wie nervös Sie sind. Damit geben Sie sich zum Abschuss frei.
- Überlegen Sie sich zur Begrüßung eine knackige Formulierung, die Ihnen Sicherheit und Standfestigkeit gibt. Üben Sie diese Begrüßung vor Freunden oder zuhause vor dem Spiegel und optimieren Sie sie solange, bis Inhalt, Stimme und Körpersprache sitzen.
- Stellen Sie sich bei Ihrer Rede mit der heimlichen Einstellung vor Ihr Publikum: »Hier bin ich, SIE haben nun alle Verantwortung!«
- Fehler sind erlaubt und machen Sie menschlich. Seien Sie großzügig zu sich selbst und sagen Sie sich: »Egal, was jetzt gleich passiert, es kommen keine Menschen körperlich zu Schaden.«
- Sprechpausen sind erwünscht! Nur Sie empfinden diese als halbe Ewigkeit.
- Seien Sie rechtzeitig vor Ort, damit Sie sich mit den Räumlichkeiten und der Situation vertraut machen können. Schnuppern Sie Atmosphäre und betrachten Sie Ihren Auftritt frech als Ihr persönliches Heimspiel.

Authentizität – Seien Sie ganz Sie selbst!

Haben Sie Lust auf ein kleines Experiment? Dann schlüpfen Sie doch mal für einen Moment in die Rolle eines typischen Personalchefs, der eine Stelle neu zu besetzen hat. Über den Tag verteilt führen Sie eine ganze Reihe von Bewerbungsgesprächen und haben pro Kandidat nur ein begrenztes Zeitfenster, um sich einen Eindruck zu machen. Von jedem Bewerber möchten Sie beispielsweise wissen, ob dieser es sich zutrauen würde, eine 30-köpfige Abteilung zu leiten.

Nun stellen Sie sich vor, Sie haben einen jungen Mann vor sich sitzen, der Ihnen zwar sympathisch ist und auch fachlich kompetent zu sein scheint, der jedoch ganz eindeutig ein eher zurückhaltender und introvertierter Charakter ist. Auf Ihre Frage, ob er sich einer solchen Führungsposition gewachsen sähe, antwortet er – für sein Temperament etwas zu engagiert –, dass eine solche Aufgabe genau seinen Stärken entspreche und er sich als bester Kandidat für diese Position sehe. Jetzt ist es an Ihnen: Glauben Sie, dass der junge Mann ein Führungstalent ist? Wie wirkt ein solcher Bewerber auf Sie?

Die Chance, dass Sie sich von den verbalen Argumenten dieses Kandidaten überzeugen lassen, ist äußerst gering. Das liegt daran, dass Menschen unwillkürlich und instinktiv mehr auf die nonverbalen Signale eines anderen achten. Diese verraten uns auch – möglicherweise im Gegensatz zu gesprochenen Worten – immer die Wahrheit. Der junge Mann in unserem Beispiel kann zu seinem eigenen Verhängnis nun einmal nicht aus seiner Haut. Er ist kein extrovertierter »leader of the gang«, sondern wäre wohl – seiner Persönlichkeit entsprechend – besser mit einer Position bedient, in der beispielsweise seine analytischen Talente gefragt sind. Trotzdem versucht er dem Anforderungsprofil zu entsprechen, um den Personalchef auf diese Weise für sich zu gewinnen. Mit Erfolg? Wohl kaum!

Wer schon von vornherein den Eindruck vermittelt, eine Rolle zu spielen, wirkt weder souverän noch glaubwürdig. Und das ist eine denkbar schlechte Basis, um jemanden für sich zu gewinnen. Wirken wir dagegen authentisch und kongruent – was der Fall ist, wenn unser Verhalten und unsere verbalen Aussagen übereinstimmen – hinterlassen wir automatisch einen sympathischen, kompetenten und vertrauenswürdigen Eindruck – die besten Voraussetzungen, andere Menschen zu begeistern und zu überzeugen.

Authentizität lautet also die Devise! Kompromisslos zu sich selbst stehen. Sich so akzeptieren und lieben, wie man ist – mit allen Ecken und Kanten. Klingt doch ganz einfach, oder? Aber ist es wirklich so leicht, authentisch zu sein? Gehen wir dieser Frage doch noch etwas genauer auf den Grund.

Bleiben Sie sich treu – es lohnt sich!

Bestimmt fallen auch Ihnen auf Anhieb eine ganze Reihe von Situationen ein, in denen es uns leichter und bequemer erscheint, uns ein wenig zu verstellen, und in denen wir nicht hundertprozentig zu unseren wahren Gedanken, Wünschen oder Gefühlen stehen. Sei es, dass wir – wenn wir beispielsweise nach unserem Befinden gefragt werden – nicht zugeben wollen, dass es uns momentan vielleicht nicht so gut geht. Oder dass wir unsere eigenen Bedürfnisse hinten anstellen, um es anderen Recht zu machen und Diskussionen zu vermeiden. Auch wenn wir uns so verhalten, wie es unser Gegenüber unserer Meinung nach von uns erwartet oder bevorzugt, läuft das dem Begriff von Authentizität deutlich zuwider.

Stellt sich die Frage, ob es solche Situationen tatsächlich erleichtert, wenn wir unser wahres Ich »unterschlagen«, oder ob diese Taktik nicht sehr kurzsichtig ist und wir einfach nur den bequemeren Weg gehen. Die ehrliche Antwort: Letzteres ist der Fall. Natürlich ist es zunächst leichter und entspannter, sich nicht erklären zu müssen oder auf die Durchsetzung der eigenen Bedürfnisse zu verzichten. Geht diese Rechnung aber auch langfristig auf? Nein! Denn wer sich häufig hinter einer Maske versteckt und nicht zu sich steht, wird auf lange Sicht nicht glücklich werden. Und wer von sich und seinem Leben nicht überzeugt ist, kann auch andere nur schwer überzeugen. Unzufriedenheit ist vorprogrammiert, wenn wir uns selbst zu oft aus den Augen verlieren: Nach und nach werden wir nämlich genau in die Schubladen gesteckt, denen wir zu entsprechen vorgeben, und aus denen wir dann nur noch schwer rauskommen. Auch unsere echten Bedürfnisse kommen auf diese Art permanent zu kurz. Kurzum: Wir behandeln uns selbst und unser inneres Ich nicht gerade pfleglich, wenn wir nicht auf eine authentische Lebenshaltung achten.

Hören wir dagegen auf unsere innere Stimme, die uns – wenn wir nur genau und aufmerksam hinhören – ganz genau sagt, wer wir sind, wie wir sind, wo wir hingehören und was uns gut tut. Dann leben wir, wie es so schön heißt, mit uns selbst im Einklang – ein Zustand, der eine Menge Vorteile mit sich bringt. Nicht nur, dass es sich schlicht und ergreifend besser anfühlt, »echt« zu sein, wir fühlen uns auch insgesamt freier und unbeschwerter, wenn wir uns nicht verbiegen müssen. Noch dazu profitiert unsere Lebensqualität von der Tatsache, dass wir unsere persönlichen Bedürfnisse wirklich ernst nehmen und uns nach ihnen richten. Denn wer sich selbst gut behandelt, ist glücklicher, zufriedener und ausgeglichener. Und damit in der optimalen Lage, andere zu begeistern. Schließlich ist es kein Zufall, dass viele erfolgreiche Menschen oft nur eines gemeinsam haben: Sie sind zu 100 Prozent authentisch.

Wer bin ich?

Somit hätten wir also bereits geklärt, dass eine authentische Lebenshaltung sich definitiv auszahlt und uns weiterbringt. Bleibt die Frage nach dem Wie. Wie sind bzw. leben wir authentisch? Wie finden wir heraus, wer wir sind und was unsere wirklichen Bedürfnisse sind?

Eine erste Orientierungshilfe zur Einschätzung, welcher Typ Mensch Sie grundsätzlich sind, haben Sie bereits im ersten Kapitel kennengelernt, als es um das Thema Menschenkenntnis ging. Dieselben Basistypologien, die uns helfen können, eine erste Einschätzung einer fremden Person zu treffen, kann auch ein Anhaltspunkt für unsere eigene Persönlichkeitsstruktur sein.

Auch wenn jede Typologie nur eine grobe Vorauswahl liefern kann, so können Sie auf eine Menge interessanter Erkenntnisse stoßen, wenn Sie verschiedene Typologien nach Ihrem wahren Ich »durchstöbern«. Vielleicht stolpern Sie über einige typische Eigenschaften, bei denen Sie spontan hellhörig werden, die Ihnen bislang aber nicht wirklich bewusst waren. Auf diese Weise können Sie sich nach und nach an Ihren eigenen Kern herantasten und herausfinden, wer Sie sind, was Sie wirklich brauchen und was Sie im Leben wollen.

Tipp!

Ein noch viel einfacherer Weg, sich selbst zu erforschen, besteht darin, sich die einfache Frage zu stellen: »Wer bin ich?« Probieren Sie es einfach aus, auch wenn es Ihnen auf den ersten Blick als sehr simpel erscheint.

Nehmen Sie sich ein leeres Blatt Papier und einen Stift und legen Sie los. Schreiben Sie auf, wer Sie sind und was Sie sind – allerdings ohne all jene Aspekte, die mit Ihrer sozialen Position oder Ihrem Besitz zu tun haben. Schließlich wollen Sie Ihre Persönlichkeit erforschen und nicht Ihren Lebensstandard. Was bei diesem kleinen Test herauskommt, wird Sie vermutlich selbst erstaunen, weil durch Ihre Finger und den Stift Informationen fließen, die Ihnen so gar nicht bewusst waren. Vielleicht stellen Sie plötzlich fest, dass Sie generell ein geselliger Mensch sind, aber im Job lieber für sich allein arbeiten. Oder Sie finden heraus, dass Sie sich fremden Menschen nicht sofort öffnen, dafür Freundschaften jedoch sehr sorgfältig pflegen.

Eines steht jedenfalls fest: Wer sich einmal Zeit nimmt und sich die Mühe macht, sich selbst zu beschreiben und zu definieren, wird ein großes Plus an Klarheit über das eigene Ich gewinnen. Ein Wissensvorsprung, der Ihnen in vielen Situationen hilfreich ist.

Erfolgsfaktor Authentizität

Jemanden für sich zu gewinnen, bedeutet vor allem eines: das Vertrauen des anderen zu gewinnen. Oder würden Sie sich von einem Menschen überzeugen und begeistern lassen, der Sie misstrauisch macht, und dem Sie nicht Ihr volles Vertrauen entgegenbringen? Würden Sie ein Geschäft mit jemandem abschließen, der unglaubwürdig oder sogar unehrlich auf Sie wirkt? Sicher nicht! Stehen wir selbst auf der anderen Seite, müssen wir es also schaffen, dieses Vertrauen zu gewinnen – wir müssen authentisch sein, echt, unverfälscht, vertrauenswürdig und stimmig. Aber wie? Sind wir automatisch authentisch, wenn wir uns bewusst dazu entschließen? Was bedeutet »authentisch sein« im alltäglichen und praktischen Leben? Was tun authentische Menschen?

Auf die eigenen Gefühle hören!

Unsere Gefühle sind die besten Wegweiser auf dem Pfad zu mehr Authentizität. Verstehen Sie Ihre positiven Gefühle als Bestätigung für Ihr Handeln. Unangenehme Gefühle wie Schmerz, Angst, Wut und Trauer dienen Ihnen als Warnung, dass irgend etwas nicht stimmt. All diese Signale bewusst wahr- und vor allem ernst zu nehmen, ist ein erster Schritt in die richtige Richtung – auch wenn das im Fall von negativen Empfindungen nicht immer angenehm ist. Unterdrücken Sie solche wichtigen Signale auf keinen Fall, selbst wenn das Zulassen Überwindung kostet, denn sonst nehmen Sie sich unter Umständen die Chance auf lohnenswerte Veränderungen in Ihrem Leben.

Dem persönlichen »Glaubenssystem« treu bleiben!

Authentisch sein heißt auch, nicht zwangsläufig konform zu gehen mit den Menschen, die Ihnen begegnen. Sie haben doch Ihre ganz eigene Sicht der Dinge, der Welt, des Lebens, Ihr eigenes »Glaubenssystem«, das auf Ihren Erfahrungen, Idealen, Überzeugungen und Hoffnungen beruht! Dann stehen Sie auch dazu und leben Sie danach. Achten Sie einmal darauf, wie schnell Sie bei anderen Menschen der eher negative Eindruck beschleicht, diese würden sich verbiegen. Dabei tun Sie das vermutlich auch selbst des Öfteren – nur ohne es zu merken. Wie oft halten wir mit unseren wahren Ansichten hinterm Berg, weil wir meinen, andere damit vor den Kopf zu stoßen? Aber mal ehrlich: Wie sympathisch finden Sie persönlich einen Menschen, der Ihnen immer nach dem Mund redet? Axel Cäsar Springer, der große Verleger, sagte einmal: »I have yes-men enough« – »Ich habe genug Ja-Sager um mich« – und verlangte nach Menschen in seinem Umfeld, die eine eigene Meinung besaßen. Und ist es nicht auf Dauer langweilig, bei einem Gespräch einem Klon der eigenen Gedanken und Meinungen gegenüberzusitzen?

Andere zu gewinnen, funktioniert schließlich nur, wenn es uns gelingt, eine wirklich »lebendige« Kommunikationsatmosphäre und einen echten Austausch zu schaffen. Sonst kann man ja gleich mit dem eigenen Spiegelbild sprechen. Richten Sie also in wichtigen Gesprächssituationen Ihr »Kommunikations-Fähnlein« nicht nach dem Wind, sondern bleiben Sie Ihrem eigenen Kurs treu. Durch eine authentische und echte Ausstrahlung werden Sie bei Ihrem Gesprächspartner mehr punkten als durch komplette Anpassung.

Nicht nur »Schönwetter-Gespräche« führen!

Natürlich sollte kein Gespräch, in dem wir jemanden begeistern und überzeugen wollen, in ein Konflikt- oder gar Streitgespräch ausarten. Das bedeutet aber nicht, dass jegli-

Seien Sie Sie selbst!

BAUMGARTNERS TRICKKISTE

Je wichtiger eine Gesprächssituation für uns ist, desto eher tendieren wir dazu, verkrampft zu sein und uns dadurch automatisch zurückzunehmen. Die Folge: Wir sind nicht wirklich wir selbst und wirken unecht. Außerdem wollen wir es dem Gesprächspartner recht machen, verhalten uns deshalb nicht authentisch und kommunizieren auch nicht vollkommen ehrlich. Ein Schuss, der definitiv nach hinten losgeht, denn einen sympathischen und gar souveränen Eindruck erwecken wir dadurch nicht. Möchten Sie also lieber bleiben, wie Sie sind? Sie dürfen das – und zwar so:

- »Verkleiden« Sie sich nicht für einen wichtigen Termin – egal ob im Beruf oder privat, z. B. beim ersten Date. Sie müssen sich wohl fühlen, auch wenn Sie schick aussehen wollen. Wer sich kostümiert fühlt, wirkt automatisch auch gekünstelt.
- Verhalten Sie sich ganz normal. Im Job oder beim Zusammentreffen mit vollkommen fremden Menschen empfiehlt es sich nicht, dem Gegenüber auf die Schulter zu klopfen wie einem guten Freund. Andererseits stehen Sie aber (vermutlich) auch nicht vor einem Mitglied des englischen Königshauses. Verhalten Sie sich also locker und natürlich.
- Sprechen Sie so wie sonst auch. Abgesehen von extrem umgangssprachlichen oder sehr saloppen Begriffen sollten Sie Ihrer persönlichen Sprache treu bleiben, denn sie ist ein elementarer Teil Ihrer Persönlichkeit. Einen leichten Dialekt, der die Verständigung nicht behindert, sollten Sie daher auf keinen Fall unterdrücken. Eine solche Eigenart macht Sie vielmehr menschlich und sympathisch.
- Sprechen Sie aus, was Sie denken und empfinden – sofern es mit dem Gesprächsthema zu tun hat. Je besser die Gesprächspartner sich verstehen, desto besser und erfolgreicher ist auch die Kommunikation. Geben Sie Ihrem Gegenüber also so viele Informationen wie möglich und lassen Sie ihn an Ihren Gedanken und Gefühlen teilhaben.

cher Einwand oder eine abweichende Meinung verboten ist. Im Gegenteil: Sie wollen Ihren Gesprächspartner für sich gewinnen? Dann ist es auch wichtig, dass er Sie ernst nimmt. Und das wird er eher tun, wenn Sie ehrlich sind. Seien Sie deshalb ruhig kritisch. Hinterfragen Sie die Dinge und äußern Sie offen, wenn Sie anderer Ansicht sind. Dass dies in freundlicher und höflicher Art und Weise geschieht, versteht sich von selbst. Eine Diskussion ist schließlich nicht gleichbedeutend mit einem Konflikt oder Streit.

Den anderen als Gesamtpaket akzeptieren!

Ein weiteres untrügliches Merkmal authentischer Menschen: Wer sich selbst gut kennt und auch voll und ganz zu sich steht, inklusive seiner Macken, Schwächen und Eigenheiten, ist auch anderen gegenüber toleranter und offener. Wenn Sie sich bewusst mit sich selbst auseinandersetzen, erkennen Sie, woher Ihre eigenen kleinen »Unregelmäßigkeiten« und »Schönheitsfehler« kommen. Und Sie wissen, dass diese zwar ein wichtiger Teil Ihrer Persönlichkeit sind, aber durchaus nicht Ihren ganzen Charakter ausmachen.

Genauso ist es bei jedem Menschen, auf den Sie treffen. So wie Sie selbst, so hat auch jeder andere sowohl eine Schokoladenseite als auch Ecken und Kanten. Akzeptieren Sie den Menschen, der Ihnen gegenübersitzt, als »Gesamtpaket«. Wenn Sie auch zu Ihren eigenen, positiven wie negativen »Bestandteilen« stehen, wird Ihnen das nicht schwer fallen.

Be different! – Der Unterschied macht's

Kennen Sie das: Sie wachen morgens auf und spüren ein leichtes Kratzen im Hals. In der Hoffnung auf Linderung betreten Sie einen Supermarkt und begeben sich geradewegs zum Süßigkeitenregal. Da stehen Sie nun vor Hustenbonbons von ungefähr 20 verschiedenen Herstellern und haben ein Problem: die Qual der Wahl. Neben runden, ovalen und dreieckigen Bonbons gibt es Varianten mit extra viel Vitamin C, ohne Zucker oder mit Kräuterextrakten aus biologischem Anbau. Dabei bewirken sie alle das Gleiche: Sie beruhigen Hals und Rachen und schmecken unglaublich gesund. Für welches sollen Sie sich entscheiden, wenn das Produkt selbst – in diesem Fall das Hustenbonbon – sich in Qualität und Preis kaum von seinen Mitbewerbern unterscheidet? Ganz klar: Für dasjenige, das Ihnen aus irgendeinem Grund ins Auge sticht und Ihre Aufmerksamkeit auf sich zieht – aufgrund eines kleinen Merkmals zum Beispiel, das aus dem Bonbonpapier herauslugt. Ein »Accessoire«, das die anderen Bonbons nicht zu bieten haben, die deswegen in der gleichförmigen Produktmasse untergehen.

Welcher Mechanismus diesem Phänomen zugrunde liegt, ist denkbar einfach zu erklären: Wenn wir die Auswahl zwischen verschiedenen gleichwertigen Alternativen haben, entscheiden wir uns für diejenige, die sich abhebt und auffällt. Kurzum: Wir wählen das, was anders ist. Dass die Werbebranche diesen Effekt schon längst für sich entdeckt hat, wissen wir alle. Jedes Produkt und jede Dienstleistung braucht mittlerweile mindestens einen sogenannten USP (Unique Selling Proposition), ein Alleinstellungsmerkmal, das die anderen Konkurrenzprodukte und -services nicht zu bieten haben. Nur was anders ist und hervorsticht, wird in Zeiten der Marktüberflutung überhaupt noch wahrgenommen. Wer mit einer bestimmten Ware, einem Konzept oder einer Idee überzeugen will, muss sich also etwas einfallen lassen, um nicht übersehen zu werden und Erfolg zu haben. Eine Strategie, die funktioniert, wie uns unser eigenes Kaufverhalten Tag für Tag beweist. Warum sollten wir diesen Effekt also nicht auch für uns selbst nutzen?

Aus dem Nähkästchen

Ein Kollege erzählte mir von einem Marketing-Professor, der, als er auf Geschäftsreise war und im Hotel auf seine Abreise wartete, die Zeit überbrückte, indem er den Hotel-Gästefragebogen gewissenhaft ausfüllte. Beim Auschecken gab er ihn an der Rezeption ab und wartete auf Resonanz. Nachdem sich nach mehreren Tagen das Hotel nicht bei ihm meldete, griff er zum Telefonhörer und fragte: »Was sagen Sie zu meinem ausgefüllten Gästefragebogen?« Antwort: »Ja, der ist wohl bei den anderen Fragebögen.« Der Professor: »Ich habe mir viel Zeit genommen, um ihn auszufüllen. Wenn Sie den Bogen gefunden haben, dann rufen Sie mich doch bitte zurück. Würde mich interessieren, was Sie dazu sagen.« Nach ein paar Wochen kam immer noch keine Reaktion vonseiten des Hotels, woraufhin sich der Professor hinsetzte und eine Rechnung für seine beratende Dienstleistung schrieb. Ein paar Tage später rief ihn der Hoteldirektor an, bedankte sich bei ihm für die Rechnung und den Fragebogen und schlug eine Zusammenarbeit vor. Seitdem berät der Professor dieses Hotel in Marketingfragen.

Wollen wir jemanden für etwas begeistern und für uns gewinnen, treten wir in den meisten Fällen ebenfalls gegen weitere Konkurrenten an. Nicht nur Sie wollen den Personalchef beim Vorstellungsgespräch von sich überzeugen, sondern alle anderen Bewerber auch. Und wollen Sie Ihre Lebenspartnerin bzw. Ihren Lebenspartner von der Anschaffung einer Geschirrspülmaschine anstelle eines Flachbildfernsehers überzeugen, entscheidet bei Weitem nicht nur der Inhalt oder der praktische Nutzen darüber, ob Sie die Alternativangebote oder den gewieften Verkäufer abhängen oder nicht. Auch Ihre Eigenpräsentation ist ausschlaggebend und bringt Ihnen umso mehr Pluspunkte, je stärker Sie sich persönlich von der Konkurrenz abheben.

Anders sein, lautet also die Devise! Seien Sie in gewisser Weise einzigartig, um andere für sich zu gewinnen.

Sie sind anders!

Wetten, dass ich Ihre Gedanken lesen kann? Im positivsten Fall haben Sie jetzt gedacht: »Was ist an mir das Besondere?«, aber meistens gehen einem folgende Überlegungen durch den Kopf: »Ich wüsste nicht, was ich Einzigartiges zu bieten hätte.« »Ich bin auch nicht anders als die anderen.« »Was ist denn an mir schon so besonders?« Falsch! Erst einmal sind wir natürlich – Gott sei Dank – alle unterschiedlich, denn wir sind alle Individuen. Und zweitens hat ohne Zweifel jeder von uns eine Eigenschaft, eine Fähigkeit oder ein Talent, das besonders ist und ihn abhebt. Das Problem ist nur, dass wir uns dessen meist gar nicht bewusst sind. Wir wissen in der Regel ja nicht einmal um unsere Stärken, selbst wenn es sich dabei nicht ausschließlich um unsere »persönlichen USPs« handelt. Was würden Sie wohl spontan antworten, wenn jemand Sie fragen würde, was Sie gut können oder worin Sie Experte sind? Wie die Mehrzahl aller Menschen würden Sie wahrscheinlich zunächst ins Stottern geraten und anfangen zu überlegen. Zu erkennen, was unsere ganz eigenen Alleinstellungsmerkmale sind, gestaltet sich dann natürlich noch schwerer.

Die erste Etappe auf der Entdeckungsreise zu Ihrer Einzigartigkeit besteht also darin, sich als Erstes Ihrer Stärken und Fähigkeiten klar zu werden. Erstellen Sie eine persönliche »Pro«-Liste, in die Sie alles aufnehmen, was für Sie spricht. All das, was jemanden dazu veranlassen könnte, sich ausgerechnet für Sie zu entscheiden und nicht für das »Alternativprodukt«. Das ist sicher keine leichte Aufgabe, denn wir tun uns generell eher schwer damit, unsere positiven Aspekte zu benennen oder uns gar selbst zu loben. Schließlich haben wir schon als Kinder gelernt, dass sich das nicht gehört – nach dem Motto: »Eigenlob stinkt«. Aber keine Sorge: Sie sollen ja nicht vor großem Publikum eine Laudatio auf sich selbst halten, sondern nur für sich allein eine Bestandsaufnahme Ihrer Vorzüge, positiven Eigenschaften und Qualitäten machen. Wenn Sie sich dabei schwer tun, nehmen Sie folgende Fragen zuhilfe:

- Wofür bekomme ich Komplimente, Lob oder Bewunderung von anderen?

- In welchen Fächern war ich in der Schule gut?

- Zu welchen Themen werde ich öfter um Rat gefragt?

- Woran habe ich besonders Freude, was mache ich mit Leidenschaft?

- Welche Tätigkeiten gehen mir besonders leicht von der Hand?

Fällt es Ihnen trotz dieser Hilfestellung schwer, Ihre Stärken zu formulieren, fragen Sie Menschen aus Ihrem direkten sozialen Umfeld wie Familie, Freunde und Bekannte, worin diese Ihre besonderen Talente sehen.

Aus Eigen- und Fremdbild entsteht schließlich das, was Sie sich ganz fest einprägen und was Ihnen stets bewusst sein sollte: Ihre ganz persönliche Stärken-Hitliste. Vorteil eins: Wer seine eigenen »Verkaufsargumente« kennt, weiß, dass und womit er überzeugen kann. Vorteil zwei: Irgendwo in dieser Hitliste verstecken sich auch Ihre USPs – Ihre Trümpfe, wenn es darum geht, andere zu gewinnen. Sie sind die exakte Antwort auf eine Frage, die besonders in Bewerbungsgesprächen gern gestellt wird: »Warum gerade Sie?« Oder anders: »Warum denken Sie, der ideale Bewerber für diese Stelle zu sein?« Eine Frage, die sich auf nichts anders bezieht als auf den besonderen Nutzen, den eine Person, ein Produkt oder eine Dienstleistung bieten kann.

Genau um diesen Punkt geht es auch, wenn Sie jemanden begeistern und überzeugen wollen. Ihr Gegenüber muss das Gefühl haben, allein durch Ihre Persönlichkeit und Wirkung etwas Einzigartiges zu bekommen, das ihm sonst niemand bieten kann. Ihr USP sollte der Aspekt, Ausdruck oder Satz sein, den sich der andere unbedingt merken soll, auch wenn das Gespräch längst beendet ist. Unser Ziel ist nämlich nicht nur, den anderen zu gewinnen; er soll sich auch an uns erinnern.

Ein Grund für einen Personalchef, Sie aus dem Meer an ähnlich qualifizierten Bewerbern auszuwählen, kann etwa sein, dass Ihr Aus- und Weiterbildungsweg eine einzigartige Kombination aufweist, weil Sie beispielsweise sowohl eine medizinische Ausbildung als auch eine betriebswirtschaftliche Fortbildung absolviert haben. Bewerben Sie sich damit für eine Stelle in der Verwaltung einer großen Klinik, haben Sie mit Sicherheit bessere Karten als ein reiner Wirtschaftler. Oder Sie bringen durch ein Hobby, eine persönliche Passion oder ein ganz individuelles Talent eine besondere und einzigartige Begabung mit, dank der Sie für eine bestimmte Person oder ein bestimmtes Projekt zur perfekten Wahl werden. Müssen Sie zum Beispiel als Unternehmensberater einen Fahrradhersteller betreuen und biken in Ihrer Freizeit selbst leidenschaftlich gern, sind Sie diesem Kunden von vornherein sehr viel näher als ein möglicher Konkurrent.

Fällt Ihnen an diesen Beispielen etwas auf? Genau: Der USP bzw. das Ass, das wir aus dem Ärmel ziehen, um jemanden für uns zu gewinnen, ist nicht bei allen Gelegenheiten dasselbe, sondern unterscheidet sich von Fall zu Fall. Ihr Alleinstellungsmerkmal sollte immer zu 100 Prozent auf die Erfordernisse der Situation oder auf den Gesprächspartner zugeschnitten sein, den Sie begeistern und gewinnen wollen. Der Nutzen, den nur wir unserem Gegenüber bieten können, ist unser größter Trumpf. Um diesen zu entdecken und auszuspielen, hilft uns nicht nur unsere Menschenkenntnis, sondern auch – wie oben beschrieben – eine gründliche Vorbereitung und Recherche über die Person, die wir überzeugen wollen. Kurzum: Sobald Sie wissen, was der andere braucht, geben Sie es ihm und er wird begeistert sein.

Seien Sie anders!

BAUMGARTNERS TRICKKISTE

Anders zu sein, hat nicht nur den Vorteil, dass wir uns von der Masse abheben. Wer anders ist, ist auch überraschend. Wenn Sie sich jetzt fragen, wie dieses »überraschend anders sein« funktioniert, hier ein paar Beispiele:

Sie sind anders, wenn Sie …

… etwas tun, worauf vor Ihnen noch keiner gekommen ist.
Beispiel: Als zuständige/r Projektleiter/in haben Sie in Ihrem Unternehmen die Zusammenlegung von zwei Abteilungen betreut. Nach Abschluss der organisatorischen und administrativen Fusion besteht Ihre letzte Aufgabe darin, beide Teams zu versammeln und zu einer guten und effektiven Zusammenarbeit zu motivieren. Mit den üblichen und meist auch etwas abgedroschenen Botschaften, die gerne zu solchen Anlässen aus der Schublade geholt werden, bekommen Sie aber wahrscheinlich nicht die gewünschte Aufmerksamkeit und verfehlen dadurch die begeisternde Wirkung, die Sie anstreben.

Die »Einmal-ganz-anders«-Variante: Erscheinen Sie zu Ihrer kleinen Rede im Cocktailkleid oder Smoking. Um mit allen Anwesenden die »glückliche Verbindung« zu feiern, halten Sie eine Ansprache auf das »Brautpaar« und spendieren der Hochzeitsgesellschaft zum Start in eine gemeinsame Zukunft eine Hochzeitstorte. Garantiert wird niemand diesen besonderen Tag vergessen und in positiver Stimmung in die neue Kooperation starten.

... etwas tun, was sich vor Ihnen bisher keiner getraut hat.
Beispiel: Sie arbeiten in einem Beratungsunternehmen und sollen einen neuen Kunden gewinnen. Außer Ihnen präsentieren sich auch noch einige Konkurrenzunternehmen. Sie präsentieren dem potenziellen Kunden also Ihr Angebot, betonen Ihre Stärken und hoffen, ihn durch eine sympathische und kompetente Ausstrahlung, ein gutes Verständnis auf der Beziehungsebene und eine gelungene Darbietung zu überzeugen. Höchstwahrscheinlich ist die Leistung Ihrer Mitbewerber jedoch nicht wesentlich besser oder schlechter.

Die »Einmal-ganz-anders-Variante«: Verlassen Sie die üblichen Pfade und beweisen Sie Mut zum Anderssein bzw. zur Ehrlichkeit. Setzen Sie nicht alle Hebel in Bewegung, um Ihr Gegenüber davon zu überzeugen, dass Sie besser sind als die anderen, sondern sagen Sie ihm offen und ehrlich, dass Sie vermutlich das Gleiche bieten können, wie Ihre Konkurrenten und setzen Sie dagegen auf andere schlagkräftige Argumente. Geben Sie zu, dass Sie sich einfach sehr freuen würden, diesen Auftrag zu bekommen. Dass Sie große Lust auf einen neuen Kunden hätten und der Meinung sind, dass die Chemie stimmt. Schlimmstenfalls stoßen Sie mit Ihren »soften« Argumenten auf taube Ohren und haben eine aufschlussreiche Erfahrung gemacht. Viel wahrscheinlicher ist jedoch, dass Sie Ihren Gesprächspartner, der plötzlich mal nicht die üblichen Fakten zu hören bekommt, verblüffen und neugierig machen. Eine gute Voraussetzung, diesen Menschen für sich zu gewinnen.

... Regeln brechen.
Beispiel: Jeden Morgen, wenn Sie mit der U-Bahn zur Arbeit fahren, sehen Sie diesen gutaussehenden jungen Mann, der Sie offensichtlich auch bemerkt. Immerhin wechseln Sie schon seit fünf Wochen ein schüchternes »Guten Morgen« und tauschen dabei ein leichtes Lächeln aus. Da Sie ihn gern näher kennenlernen würden, hoffen Sie darauf, dass er sich irgendwann ein Herz fasst und Sie anspricht. Bis dahin begnügen Sie sich mit dem täglichen Gruß und einem Lächeln.

Die »Einmal-ganz-anders-Variante«: Tatsächlich sind die meisten Frauen noch immer der festen Meinung, dass der Mann den ersten Schritt machen sollte. Für alle Vertreter des weiblichen Geschlechts, die geduldig sind, mag das eine vertretbare Einstellung sein. Wer jedoch nicht darauf warten will, vom sprichwörtlichen Prinzen erobert zu werden, sollte sein Glück lieber selbst in die Hand nehmen und diese Regel schleunigst brechen. Stehen Sie also Ihre Frau und laden Sie Ihren U-Bahn-Flirt zum Essen ein. Welcher Mann sollte dieses unerwartete Verhalten nicht zu schätzen wissen?

Nutzen Sie die Macht der Körpersprache!

Wie bereits erwähnt, spricht jeder Mensch mehr mit Körper und Gesten als mit dem Mund und mit Worten. Trotzdem neigen wir zu dem Glauben, dass unsere verbalen Botschaften das größte Gewicht haben, wenn wir uns mit anderen austauschen, und ganz besonders dann, wenn wir jemanden überzeugen wollen. Wir achten peinlich genau auf jeden Satz, wägen jeden Ausdruck genau ab und wählen unsere Worte gezielt. Was unsere Arme, Hände, Beine und Augen während dieser Zeit tun, interessiert uns, wenn überhaupt, nur im Entferntesten und bleibt oft Nebensache. Leider, denn dieses »Schauspiel«, das wir oft als eine Art Selbstläufer betrachten, ist von größerer Bedeutung, als wir glauben. Mehr noch: Unser Körper ist unser wichtigstes und mächtigstes Sprachorgan und bestimmt unsere Kommunikation überwiegend – wie von bereits erwähntem Professor Mehrabian bewiesen. Eine eindeutige Hierarchie, die wir nie außer Acht lassen sollten, wenn wir mit anderen kommunizieren.

Beweis Nummer zwei für die Macht unserer Körpersprache: Wir können nicht nonverbal lügen. Selbst wenn Sie ein begnadeter Schauspieler sein sollten, unsere körpersprachlichen Signale lassen sich nicht manipulieren. Als Sprachrohr unseres tiefsten Inneren bringt unser Körper zum Ausdruck, was uns vielleicht gar nicht bewusst ist. Und auch das, was wir mit Worten eventuell zu verheimlichen suchen.

Für das Verhältnis von dem, was wir sagen, zu der Art, wie wir es sagen, gibt es also insgesamt drei Möglichkeiten: Im Idealfall bestätigt unser Verhalten unsere Worte, indem Gestik, Mimik und Körperhaltung dieselbe Botschaft vermitteln. Manchmal kann Körpersprache Worte aber auch komplett ersetzen. Denken Sie nur an zwei der wichtigsten Körpersignale – das Nicken und das Kopfschütteln, um Zustimmung oder Ablehnung auszudrücken. In bestimmten Situationen können Körpersignale schließlich den gesprochenen Worten widersprechen. Ein solcher Widerspruch entsteht meist dadurch, dass jemand etwas sagt, was er nicht wirklich denkt oder fühlt, seine Gestik und Mimik aber seine wahren Gefühle verraten – der Körper fungiert sozusagen als unser ganz persönlicher »Lügendetektor«.

Die Folge: Wenn die Worte eines Menschen etwas ganz anderes aussagen als seine Körpersprache, macht uns das misstrauisch. Dieser Jemand wirkt auf uns – wenn auch unbewusst – unaufrichtig und dadurch unsympathisch.

Lernen Sie die Sprache des Körpers – es lohnt sich!

Wenn sich unsere Körpersprache also ohnehin nicht beeinflussen lässt, was könnte es dann hinsichtlich Gestik, Mimik und Haltung zu beachten geben? Müssen wir nicht einfach mit unserer Körpersprache leben? Ja, in gewisser Weise natürlich schon, denn niemand kann und soll aus seiner Haut, wenn er nicht aufgesetzt und gekünstelt wirken möchte. Schließlich sind alle Menschen verschieden und sprechen auch eine individuelle Körpersprache – obwohl wir alle dieselben Signale und eine ähnliche Gestik und Mimik benutzen. Bei einem sehr extrovertierten Menschen wirkt die gesamte Körpersprache energiegeladen und lebhaft. Das zeigt sich sowohl in ausladenden und überschwänglichen Gesten, die vorwiegend vom Körper wegführen, als auch in einer ausdrucksstarken Mimik. Dazu kommen eine aufrechte Haltung und eine schnelle und tänzelnde Gangart. Bei einem introvertierten Typ ist genau das Gegenteil zu beobachten. Bei ihm wirkt alles gedämpft: wenig Mimik, kleine Gesten, die meist zum Körper hinführen, und eine gebückte Haltung.

Gutes Know-how in Sachen nonverbale Kommunikation ist von großem Vorteil – und das in zweierlei Hinsicht: Zum einen können wir, wenn wir um die Bedeutung bestimmter Signale wissen, unsere Gesprächspartner deutlich besser einschätzen und sogar ihre Stimmungslage in verschiedensten Situationen erahnen. Das stellt einen geradezu unschätzbaren Vorteil für unsere Überzeugungsarbeit dar. Zum anderen können wir trotz allem, und im Rahmen unseres individuellen Typs, ein wenig an unserer eigenen Körpersprache feilen und darauf achten, einen möglichst souveränen und sympathischen Eindruck zu machen.

Zeigen Sie Haltung!

Das Erste, was eine uns bis dato fremde Person von uns wahrnimmt, ist unsere Körperhaltung – also die Art, wie wir stehen, sitzen oder gehen. Sobald Sie aufrecht stehen, Füße in Hüftbreite, die Brust heben, die Schultern leicht (!) nach hinten ziehen und geradeaus blicken – den Körper also auf Spannung bringen – strahlen Sie Souveränität und Offenheit aus. So weit, so gut. Ihre Körperhaltung ist damit schon bestens und zeugt sowohl von lockerer Offenheit als auch von aktiver Spannung. Stellt sich jedoch schon das nächste Problem: Wohin mit den Armen beim Reden, falls sie gerade nicht gebraucht werden? Ein altbekanntes Problem, für das es zwei gute Lösungen gibt:

Lassen Sie Ihre Arme – so wie es am natürlichsten ist – ganz einfach seitlich am Körper herunterhängen. Wenn Sie sich dabei unwohl fühlen, legen Sie beide Hände in Höhe der Gürtellinie und mit den Innenflächen nach oben locker ineinander. Der Vorteil dieser beiden Varianten: Unsere Hände sind sofort einsatzbereit, wenn wir handeln oder etwas mit Gesten verdeutlichen müssen.

Die Art, wie wir gehen, kann ebenfalls sehr unterschiedliche Wirkungen erzielen, und neben dem richtigen »Standpunkt« ist auch ein souveräner und natürlicher Gang entscheidend, um einen sympathischen Eindruck zu hinterlassen. Was für die optimale Haltung gilt, gilt auch beim Gehen: den Körper aufrecht halten, denn das signalisiert Offenheit und Selbstsicherheit.

Last but not least können wir auch im Sitzen mit unserer Haltung punkten – oder das Gegenteil. Gerade bei wichtigen Gesprächen, die fast immer im Sitzen stattfinden, kann die Art, wie wir unseren Platz einnehmen, durchaus Einfluss auf das Gespräch haben. Beherzigen Sie daher folgende Tipps:

Wenn Sie während des Gesprächs Ihren Oberkörper leicht nach vorne beugen, signalisieren Sie Ihrem Gegenüber damit Interesse und gewinnen sein Vertrauen. Ein leicht schräg gehaltener Kopf beim Zuhören verstärkt diesen Effekt, denn Sie präsentie-

Exkurs: Der »Verschränkte-Arme«-Mythos

Bestimmt haben Sie diese Weisheit auch schon mal gehört: Wer beim Sitzen seine Arme verschränkt, bringt Ablehnung und Zurückweisung zum Ausdruck. Jetzt überlegen Sie mal, wie oft Sie tagtäglich ablehnend und zurückweisend wären – würde diese Regel tatsächlich zutreffen. Ganz schön häufig, oder? Diese Behauptung ist schlicht und ergreifend falsch. Natürlich ist das Verschränken der Arme eines von vielen möglichen nonverbalen Signalen, um zu zeigen, dass man mit etwas nicht einverstanden ist. Man lässt diese Sache im wahrsten Sinne des Wortes nicht an sich heran und verschließt sich. Diese Übersetzung trifft jedoch schätzungsweise bei einem von 100 Fällen verschränkter Arme zu. Bei den übrigen 99 Personen bedeutet diese Armhaltung nämlich nur eines: »Ich muss gerade nicht handeln« oder »Ich bin entspannt« oder »Es ist bequem«. Oder warum glauben Sie, dass beispielsweise ein lauschendes Publikum fast komplett mit verschränkten Armen im Theater sitzt? Bestimmt nicht, weil sie alle ihre Ablehnung hinsichtlich der Inszenierung zum Ausdruck bringen wollen.

Auch wenn diese sehr althergebrachte Interpretation also ziemlicher Unfug ist, sollten Sie trotzdem in einem wichtigen Gespräch ein Verschränken Ihrer Arme vermeiden. Der Grund: Erstens wirken Sie damit eher passiv als handlungsbereit und begeistert. Und zweitens brauchen Sie Ihre Arme, um Ihre Worte durch wirkungsvolle und positive Gesten zu unterstreichen und ihnen Nachdruck zu verleihen.

ren auf diese Weise Ihre schwache Stelle – die Halsschlagader. In Kombination mit einem Lächeln bedeutet dieses Signal: »Du kannst mir vertrauen!«

Wollen Sie dem anderen signalisieren, dass Sie bereit sind zu handeln? Kein Problem: Nutzen Sie beim Sitzen die gesamte Stuhlfläche, ohne die Beine übereinander zu schlagen. Idealerweise bilden Ihre Unterschenkel eine senkrechte Linie oder die Füße zeigen sogar leicht nach hinten, als ob Sie bereits in den Startlöchern stehen würden.

»Handeln« Sie bewusst

Gesten sprechen eine deutliche Sprache. Denken Sie nur an eine zur Faust geballte Hand, bei der der Daumen gerade nach oben gestreckt wird. Oder an jemanden, der sich mit dem Zeigefinger an die Schläfe tippt. Schon diese zwei Beispiele zeigen, dass die meisten Gesten entweder eine positive oder eine negative Bedeutung haben. Eine kleine Veränderung der Hand- oder Fingerstellung kann bereits ihre Wirkung auf unser Gegenüber beeinflussen. Achten Sie also auf die grundlegenden Regeln:

- Ihre Hände sollten immer sichtbar sein, sonst könnte Ihr Gegenüber misstrauisch werden oder sich nicht ernst genommen fühlen. Wenn Sie die Hände hinter dem Rücken oder unter dem Tisch verstecken, erweckt das den Anschein, als hätten Sie etwas zu verbergen. Wenn Sie die Hände in den Hosentaschen vergraben, wirkt das gleichgültig oder allzu lässig.

- Gestikulieren Sie so, dass sich Ihre Hände und Arme immer oberhalb der Taille befinden, denn das hat eine positive, aufwertende Wirkung. Genau das Gegenteil bewirken Gesten, die unterhalb Ihrer Gürtellinie ablaufen.

- Führen Sie Hand- und Armbewegungen von unten nach oben aus, dann spürt der andere, dass Sie positiv eingestellt sind. Die umgekehrte Bewegungsrichtung, von oben nach unten, erscheint bedrückend, negativ und herrisch oder befehlend.

- Offenheit signalisieren Sie, wenn Ihre Handinnenflächen nach oben zeigen. Dann merkt man Ihnen an, dass Sie sowohl bereit sind, etwas zu geben als auch etwas anzunehmen. Das Gegenteil eines zugänglichen Eindrucks erwecken Sie, wenn Sie Ihrem Gegenüber nur Ihre Handrücken präsentieren.

- Ein absolutes »No-Go« ist das Zeigen mit dem Zeigefinger oder einem Stift auf eine andere Person. Wenn Sie wie mit einer Waffe auf Ihren Gesprächspartner zielen, kann dieser das als Einschüchterung oder Bedrohung auffassen.

- Das A und O: Ihre Gesten müssen zu Ihrer Persönlichkeit passen. Sind Sie z. B. ein eher zurückhaltender Mensch, kann es unfreiwillig komisch wirken, wenn Sie plötzlich anfangen, wild zu gestikulieren – selbst wenn Sie damit positive Signale senden wollen.

Unser Gesicht spricht Bände

Weder unsere Körperhaltung noch unsere Gestik kann so intensiv und differenziert Auskunft über unsere Stimmungen, Gefühle oder Erfahrungen geben wie unser Gesicht und unsere Mimik. Kein Wunder: 43 Muskeln auf kleinstem Raum ermöglichen es uns, mit einem Repertoire von Millionen verschiedenster Gesichtsausdrücke durchs Leben zu gehen. Der Wortschatz, der uns zur Verfügung steht, um uns verbal auszudrücken, erscheint dagegen geradezu lächerlich. Umso weniger haben wir jedoch Einfluss auf unser Mienenspiel, dem nicht einmal die kleinste Gefühlsregung entgeht. Trotzdem können wir – wie auch bei unserer Gestik – unser Augenmerk darauf richten, negative Wirkungen zu vermeiden und auf eine »gute Miene« achten.

Schauen Sie mal in den Spiegel, wenn Sie gestresst sind. Was sehen Sie? Vermutlich einen ziemlich verärgerten und missmutigen Gesichtsausdruck, den die meisten Menschen aufsetzen, wenn sie angespannt sind. Dabei kann eine entspannte Mimik auch das Stressgefühl mindern und uns zu einer lockeren, sympathischen Ausstrahlung verhelfen – selbst wenn wir unter Strom stehen.

Nichts wirkt sympathischer als ein ehrliches Lächeln! Die Betonung liegt dabei auf »ehrlich«. Ziehen Sie auf keinen Fall nur die Mundwinkel nach oben, sondern lachen Sie mit dem ganzen Gesicht – vor allem jedoch mit Ihren Augen. Nur wenn sich diese kleinen Lachfältchen in Ihren äußeren Augenwinkeln bilden, haben Sie alles richtig gemacht und bekommen die volle Punktzahl in Sachen Wirkung. Menschen, die häufig lachen und lächeln, wirken aber nicht nur sympathischer und strahlen mehr Selbstbewusstsein und Lebensfreude aus. Sie meistern auch ihre Karriere leichter und sind häufig erfolgreicher als notorische Miesepeter. Ein Effekt, der sich sogar wissenschaftlich begründen lässt: Schon ein absichtliches Lächeln oder ein bloßes Stirnrunzeln erzeugt in unserem Körper positive neurologische und hormonelle Reaktionen. Ein glückliches Lächeln oder ein offenes Lachen steigern zudem die Blutzufuhr zum Gehirn und fördern das Fröhlichsein.

Das mimische Signal, das uns am meisten helfen kann, jemanden zu überzeugen, ist denkbar einfach: ein Nicken. Versuchen Sie es und nicken Sie während Ihrer Ausführungen ganz leicht mit dem Kopf. Die Wahrscheinlichkeit, Ihr Gegenüber für sich zu gewinnen, steigt damit deutlich. Wenn der andere schließlich ebenfalls zu nicken beginnt, wissen Sie, dass Sie es geschafft haben, ihn zu überzeugen. Wenn Menschen nicken oder lachen, haben sie verstanden.

Auch Ihr Blick kann mehr als tausend Worte sagen und hat es daher verdient, richtig eingesetzt zu werden. Ideal ist ein freundlicher und offener Blick, den Sie automatisch mit einem kleinen Lächeln herbeizaubern. Und auch der Blickkontakt, der ungefähr einen Gedanken lang dauern sollte, ist entscheidend, um Interesse und Souveränität zu signalisieren.

Sie sind ein Gewinner!

Nach der Lektüre dieses Buches haben Sie nun viel Know-how gewonnen und eine Menge nützlicher Tipps und Tricks erhalten – ein tolles Rüstzeug, das Ihnen im Berufs- und Privatleben helfen wird, andere Menschen zu begeistern und für sich zu gewinnen. Das Einzige, was Sie jetzt noch brauchen, steckt bereits in Ihnen: **Ihre Leidenschaft und Energie.** Seien Sie selbst begeistert, dann begeistern Sie auch andere, legen Sie Ihr ganzes Herzblut in Ihre Sache, dann gewinnen Sie auch Ihr Umfeld für sich und Ihre Ideen. Andere zu gewinnen ist etwas sehr Aktives, das Ihr volles Engagement und Ihre ganze Initiative verlangt. Denn die Wahrscheinlichkeit, dass jemand zu Ihnen kommt und sagt »Hallo, wollen Sie mich gern gewinnen?« ist eher gering.

Eine Situation, an die ich mich immer wieder mit Freude erinnere und die ich gerne am Ende meiner Vorträge erzähle, war ein Erlebnis in einer Bäckerei in München. Meine Laune war gut, mein Kaffeedurst groß und so ging ich in die Bäckerei, um einen Kaffee zum Mitnehmen zu ordern. Die Angestellte hinter dem Verkaufstresen überreichte mir den Becher, ich nahm einen Schluck, musterte sie kurz und sagte zu ihr: »Frau Heiler, das ist der beste Kaffee, den ich in meinem ganzen Leben getrunken habe.« Und Frau Heiler schaute mich an, als ob ich meine Medikamente nicht genommen hätte – ich konnte förmlich ihre Gedanken lesen: »Was hat der gesagt? Und woher weiß dieser Mensch, wie ich heiße?« Ihr Namensschild! Ich hatte es nicht als Teil ihrer Uniform, sondern als Teil ihrer Persönlichkeit verstanden. Eine kleine Bemerkung verwandelte ein Kundenverhältnis in ein freundschaftlich-persönliches Verhältnis. Es macht Spaß, in seiner Lieblingsbäckerei persönlich begrüßt zu werden!

Nehmen Sie sich vor, jeden Tag einen neuen Menschen zu gewinnen. Das ist eine Topquote! Gelingt es Ihnen, genießen Sie bewusst jeden einzelnen Erfolg. Sollte es einmal nicht gelingen, dann lernen Sie aus diesem Rückschlag und lassen Sie sich nicht entmutigen. Es gibt in der Kommunikation kein Richtig und kein Falsch und es gibt keine Misserfolge, sondern nur Feedbacks und Zwischenergebnisse. Sie können nicht ausnahmslos jeden Menschen für sich gewinnen und wollen das vielleicht auch gar nicht. Je aktiver Sie jedoch werden und je mehr Erfahrungen Sie sammeln, desto leichter wird es Ihnen gelingen, andere zu begeistern – und desto mehr werden Sie zu einem echten Gewinner!

Viel Erfolg!

Ihr Paul Johannes Baumgartner

Literatur

Amon, Ingrid: Die Macht der Stimme. Persönlichkeit durch Klang, Volumen und Dynamik, Ueberreuter, Wien/Frankfurt 2000.

Baecker, Dirk: Form und Formen der Kommunikation, Suhrkamp, Frankfurt a. Main 2007.

Barker, Alan: 30 Minuten bis zur effektiven Besprechung, Gabal, 2. Aufl., Offenbach 1999.

Boothmann, Nicholas: So kommen Sie auf Anhieb gut an!, mvg, Landsberg/München 2002.

Duden. Reden gut und richtig halten!, hrsg. von der Dudenredaktion in Zusammenarbeit mit Siegfried A. Huth, Dudenverlag, 2. Aufl., Mannheim/Leipzig/Wien/Zürich 2000.

Gericke, Cornelia/Degener MoreOFFICE (Hrsg.): Rhetorik. Die Kunst zu überzeugen und sich durchzusetzen, Cornelsen, Berlin 2008.

Hesse, Jürgen/Schrader, Hans Christian: Praxisbuch Small Talk: Gesprächseröffnungen, Themen, rhetorische Tricks, Eichborn, Frankfurt a. Main 2007.

Höfer, Ute: Rhetorik-Training für Frauen, Haufe, Planegg 2007.

Hoffmann, Kay/Müller, Gabriele: Authentisch und erfolgreich. Body-Mind-Coaching für Frauen, Kösel, München 2003.

von Kanitz, Anja: Emotionale Intelligenz, Haufe-Verlag, Freiburg 2007.

Löhr, Jörg: Lebe deine Stärken! Wie du schaffst, was du willst, Econ Verlag, München 2004.

Löhr, Jörg/Pramann, Ulrich: 30 Minuten für mehr Erfolg, Gabal, Offenbach 2000.

Matschnig, Monika: Körpersprache, GU, München 2007

Mentzel, Wolfgang: Rhetorik. Frei und überzeugend sprechen, Haufe, 4. Aufl., Planegg 2004.

Molcho, Samy: Körpersprache als Dialog. Ganzheitliche Kommunikation in Beruf und Alltag, Mosaik, München 1988.

Naumann, Frank: Die Kunst der Sympathie: Die selbstbewusste Art, sich beliebt zu machen, Rowohlt, Reinbek 2007.

Rückle, Horst: Körpersprache für Manager, Verlag Moderne Industrie, Landsberg am Lech 2000.

Sampson, Eleri: 30 Minuten für die überzeugende Selbstdarstellung, Gabal, Offenbach 1998.

Scheelen, Frank M.: Menschenkenntnis auf einen Blick. Sich selbst und andere besser verstehen, mvg Verlag, München 2006.

Schürmann, Uwe: Mit Sprechen bewegen. Stimme und Ausstrahlung verbessern mit atemrhythmisch angepasster Phonation, Ernst Reinhardt, München 2007.

Schulz von Thun, Friedemann: Miteinander reden, Bd. 1-3, Rowohlt, Hamburg 2008.

Schwertfeger, Bärbel/Lewandowski, Norbert: Die Körpersprache der Bosse, Econ, Düsseldorf/Wien/New York 1990.

Seifert, Josef W.: 30 Minuten für professionelles Moderieren, Gabal, Offenbach 2000.

Stöger, Gabriele/Jäger, Anton: Menschenkenntnis – der Schlüssel zu Erfolg und Lebensglück, Orell Füssli, Zürich 2004.

Watzke-Otte, Susanne: Small Talk. Souverän und formgewandt kommunizieren, Cornelsen, Berlin 2007.

Watzlawick, Paul u.a.: Wenn Du mich wirklich liebtest, würdest Du gern Knoblauch essen, Piper, München 2007.

Dank

Viele Köpfe und Hände haben an der Entstehung dieses Buchs mitgewirkt. Darum möchte ich es an dieser Stelle keinesfalls versäumen, ein großes Dankeschön auszusprechen:

Den zahlreichen Forschern und Autorenkollegen, deren Untersuchungen mir Grundlage und Inspiration für meine persönlichen Beobachtungen und Erfahrungen waren. Adelheid May, die Frau, die mir das Sprechen erst richtig beigebracht und die mir gezeigt hat, welche Wirkung eine ausgereifte Stimme erzielen kann, sei besonders erwähnt. Ebenso auch mein Kommunikationslehrer Dittmar Kruse, der mich in seiner gewinnenden Art in die hohe Kunst der Kommunikation eingeführt hat.

Super betreut fühlte ich mich von meinem Verlagsteam von GRÄFE UND UNZER, besonders von meiner Redakteurin Vera Schneidereit – ganz herzlichen Dank dafür!

Danke auch an meine Mutter, die mir in der Schlussphase von »Begeistere und gewinne!« ein ruhiges Asyl in Achslach im Bayerischen Wald gewährt und mich komplett von der Außenwelt abgeschottet hat. Das machen nur Mütter!

Last but not least danke ich Carmen Hofmann und meinen Trainer-Kollegen Monika Matschnig und Samy Molcho, von denen ich erfahren durfte, wie wichtig es manchmal auf der Bühne ist, in den richtigen Situationen die Grenze zur Lächerlichkeit zu überschreiten.

Kontaktadresse des Autors:

Sie möchten mehr über Paul Johannes Baumgartner und seine Kommunikationsseminare erfahren? Dann besuchen Sie ihn auf seiner Homepage unter www.pjb-kommunikation.de

Stichwortverzeichnis

Impressum

Programmleitung: Christof Klocker
Leitende Redaktion: Anita Zellner
Redaktion: Vera Schneidereit
Lektorat: boos for books, Evelyn Boos
Umschlag und Gestaltung: Elke Irnstetter, independent Medien-Design
Herstellung: Claudia Labahn
Satz: Liebl Satz+Grafik, Emmering
Repro: Repro-Ludwig, Zell am See
Druck und Bindung: Printer, Trento
CD-Produktion: M.F.H.-Medienproduktion, Freising

Bildnachweis: Illustrationen: independent Medien-Design

Wichtiger Hinweis

Die Beiträge in diesem Buch sind sorgfältig recherchiert und entsprechen dem aktuellen Stand. Abweichungen beispielsweise durch seit Drucklegung geänderte Preise, Gebühren, Anlageentwicklungen, www.-Adressen etc. sind nicht auszuschließen. Weder der Autor noch der Verlag können für eventuelle Nachteile oder Schäden, die aus dem Buch gegebenen Hinweisen resultieren, eine Haftung übernehmen.

Umwelthinweis

Dieses Buch wurde auf chlorfrei gebleichtem Papier gedruckt. Um Rohstoffe zu sparen, haben wir auf Folienverpackung verzichtet.

ISBN 978-3-8338-1375-7
1. Auflage 2009

Ein Unternehmen der
GANSKE VERLAGSGRUPPE

Unsere Garantie

Alle Informationen in diesem Ratgeber sind sorgfältig und gewissenhaft geprüft. Sollte dennoch einmal ein Fehler enthalten sein, schicken Sie uns das Buch mit dem entsprechenden Hinweis an unseren Leserservice zurück. Wir tauschen Ihnen den GU-Ratgeber gegen einen anderen zum gleichen oder ähnlichen Thema um.

Liebe Leserin und lieber Leser,

wir freuen uns, dass Sie sich für ein GU-Buch entschieden haben. Mit Ihrem Kauf setzen Sie auf die Qualität, Kompetenz und Aktualität unserer Ratgeber. Dafür sagen wir Danke! Wir wollen als führender Ratgeberverlag noch besser werden. Daher ist uns Ihre Meinung wichtig. Bitte senden Sie uns Ihre Anregungen, Ihre Kritik oder Ihr Lob zu unseren Büchern. Haben Sie Fragen oder benötigen Sie weiteren Rat zum Thema? Wir freuen uns auf Ihre Nachricht!

Wir sind für Sie da!
Montag – Donnerstag: 8.00 – 18.00 Uhr;
Freitag: 8.00 – 16.00 Uhr
Tel.: 0180 - 5 00 50 54*
Fax: 0180 - 5 01 20 54*
E-Mail: leserservice@graefe-und-unzer.de

*(0,14 €/Min. aus dem dt. Festnetz/ Mobilfunkpreise können abweichen.)

P.S.: Wollen Sie noch mehr Aktuelles von GU wissen, dann abonnieren Sie doch unseren kostenlosen GU-Online-Newsletter und/oder unsere kostenlosen Kundenmagazine.

GRÄFE UND UNZER VERLAG
Leserservice
Postfach 86 03 13
81630 München